Vision

一些人物，
一些視野，
一些觀點，
與一個全新的遠景！

關係黑洞

「**不安全感**」如何宰制我們的人生，如何突圍？

2024暢銷經典版

周慕姿 諮商心理師

【推薦序】

衝出黑洞，在關係中遇見更好的自己

／烏烏醫師（禾馨婦產科醫師）

「關於感情的事，我一律建議分手。關於離婚問題，一律建議離婚。」這幾年網路興起一股勸離不勸和的風潮。天涯何處無芳草，下一個男人會更好。反正手指滑一滑，高的矮的胖的瘦的，女女男男，任君挑選。這個不行？那就新的不去，舊的不來。二十一世紀的新人類，果然很灑脫。

但弔詭的是，走進書店，排行版前三名一定會有兩性心理學。打開網路滿滿的星座學、人類圖、ＭＢＴＩ指引你如何瞭解伴侶怎麼想，感情下一步往哪走。

問世間情為何物？阿德勒好像又說得沒有錯，人類最大的煩惱都是來自關係。

身邊朋友的煩惱也總是環繞著「相愛容易，相處難」或「想分手，但又捨不得」的情感議題。

而對於進入婚姻十五年、沒有婆媳關係、家庭成員簡單，總是醉心工作的我來說，我總是笑看這一切矛盾，認定自己的感情學分已修滿。

殊不知疫情改變了大家的生活型態，逼得我不得不面對失溫很久到結凍的關係。而就是在這時候，我認識了慕姿。她的聲音、文字與本人，無所不在地陪伴我走過那段失去關係、天崩地裂的時期。藉由她的引領，我打開心胸，進入了心理學的世界。透過諮商，辨識出過去哪些事件帶給我創傷，學著溫柔地告訴自己：「是不好的事情發生在我身上，而不是我不好。」從《過度努力》、《羞辱創傷》到《親密恐懼》，慕姿生動地將心理學大眾化，每次閱讀都像一次清創，雖然痛，但卻真切地知道傷口在變好；相信自己是最美好的存在，值得被愛、被珍惜。

很感謝寶瓶出版社重新出版慕姿早期的作品《關係黑洞》，讓我有機會回到慕姿寫作的原點。透過個案、戲劇文本，慕姿用說故事的方式，帶領我覺察在關係中的焦慮與逃避，原來都來自內心深處怕被拋棄、怕不被重視、怕自己不夠好的不安全感。而這個被不安全感黑化的關係，不限於伴侶、家人，更重要的，還有自己的關係，也就是自己怎麼看自己。

《關係黑洞》呼應了文章開頭提及人在感情中的矛盾。我們一方面喜歡連結，另一方面，又怕關係反射出自己的脆弱；我們喜歡被瞭解、被同理，卻總是用自己的方式愛對方。我們無法接納自己的情緒，但常常期待自己能為對方的情緒負責。熱戀、界線不明、粉紅泡泡沫滅、爭吵、隔絕，如果我們總是用同樣的行為模式在面對感情，那麼下一個人就算更好，關係也未必能更長久。

我特別喜歡書中的第三部分：請允許自己脆弱——修復最重要的自己。慕姿用她一貫溫柔、有條理的方式，引導我們如何察覺自身情緒、立下界線、安撫內心的不安全感、當自己的家長，讓彼此能在獨立中好好相愛。下一個人未必更好，但我們在關係中，可以變成更好的人。

人啊！只要還有呼吸，就得面對各式各樣的關係，永遠有修不完的情感學分要完成。這一切從來都不容易，但為了得到愛，我會繼續努力，而且我有慕姿給我的勇氣，又有什麼好害怕的呢？

誰說美好的關係，都是別人的？

／徐豫（御姊愛）（作家）

我還記得，自己曾在研究所時期與學校裡的輔導老師，有過一次不經意地聊天。我跟她說：「不知道為什麼，我每一次交往的男朋友都是媽寶。只要他們家裡一有家庭活動，立刻就會把我丟在一旁。」

輔導老師問了我的家庭情況，得知我是單親家庭的孩子，從小就獨立慣了。她又問：「妳交往的對象，是不是都並非來自單親家庭？」

有趣，這問題，我從來沒想過！回想了一下，真巧！還真是每個男孩都來自和樂融融，彷彿《生活與倫理》課本上畫的那種美滿家庭。

當時輔導老師趕著一個會議要參加，並沒有機會跟我深入聊下去。我只記得她在聊天結束前，希望我想一想：「為什麼我交往的類型，都有這樣的共通點？」

那時二十幾歲的我年輕氣盛，其實聽不進輔導老師的問題。我懷疑她只是想要暗示我：我就是天生喜歡媽寶。直到多年後，我不只在人生旅途上有更多的閱歷，也在心理學上有更多學習後，突然理解了輔導老師當年的那個「提示」。

關於我曾經喜歡過的那些男孩們，其實都有個共通點，就是他們都很有「安全感」。他們不會因為我跟哪個異性講話就亂吃醋；也不會因為我某個週末、某個晚上要打工或參加活動就盯哨；甚至不會因為我沒有馬上回訊息就不開心，這對於追求自由和獨立的我來說，是極好的陪伴。但反之，我卻不是像他們這樣的個性，一旦這些男孩在我認為「該陪伴我的時候」，有其他的「要事」，無論是跟他們的好哥兒們玩卡牌，還是跟家人出遊，或是單純想留在家裡睡覺，我都會覺得自己非常不受重視而受傷。

如果不懂心理學，你可能會說，「妳就是公主病！」或是「賊性難防，男人本來就該盯緊一點！」

倘若人與人之間的關係，隨意貼個標籤就結案，那麼，我們與他人的鴻溝也將越來越深，無助於彼此理解。

如果你是周慕姿的長期讀者，應該不難發現在她的一系列著作裡，我們不只能在許多個案故事裡看到自己的影子，最驚喜的是，我們會發現，很多糾結的情緒，不一定需要改變他人，往往先自我察覺，調整自己，就能活得舒服一點。

以我前面提到的故事來說，周慕姿在這本《關係黑洞》裡，解析了「不安全感」的案例和背後的成因。她舉例愛情關係中的焦慮狀態，與人們試圖想要緩解這種自我的焦慮，而採取了某些對事情其實沒幫助的行為（例如用憤怒或是威脅，想要控制他人），並在一兩次得逞之後而上癮，一而再，再而三地反覆複製，最終演變成惡性循環的現象。

假使我們從未被點醒或是自我察覺，致使這類模式反覆發生，很可能就會陷入「我就是命不好」、「我就是天生被這種人剋」這樣的錯誤歸因，反而離建立一段健康的關係越來越遠。

「關係」一詞，雖然看似抽象，卻是人們一生脫離不了的課題與追求。從出生，嬰兒自母親體內分娩為兩個獨立個體開始，我們便在探索自我與他人的關係和自我與社會的關係，並在許多時候，藉由彼此的關係反向影響自我認同與價值感建立。

我們往往會羨慕一段美好的關係，但真要自己經營一段健康關係時，卻覺得困難重重。例如，我們可能會羨慕別人的父母、親子有彼此尊重的邊界感，卻對自己與原生家庭產生窒息感；又例如我們可能想追求一段靈魂伴侶般的情感關係，卻發現自己遇到的對象總像惡靈纏身。

問題到底是出在別人身上，還是我們自身脈絡有跡可循？我相信這本《關係黑洞》，能有你要的線索與解答。

我是一個很珍惜自己時間的讀者，在這個注意力大掠奪的當代，周慕姿的書永遠都在我願意投資時間來閱讀的名單內。她這本著作裡〈討愛父母〉相關篇章的探討也十分精采。若讀者在讀後有興趣延伸閱讀，也推薦搭配美國臨床心理學家琳賽．吉普森《假性孤兒》一書，可補充相關脈絡。

徐豫（御姊愛）：

目前就讀於美國亞萊恩國際大學加州專業心理學院婚姻與家庭諮商所。

讓關係從「黑洞」變成滋養生命的苗圃

／鐘穎（心理學作家；愛智者書窩版主）

二〇一八年《關係黑洞》的出版，大幅提升了民眾對心理學的理解。我們對心理學的印象不再是心靈雞湯，不再是猜心與觀人術，而是來到了向內看（潛意識），往前看（早期經驗）的深層階段。

說周慕姿心理師是國內心理學的社會教育第一把推手，也不為過。在那之後，許多人對情愛、對隱藏於親情背後的控制，都有了更深的認識。心理學專業化之所以能受到大眾肯定，跟慕姿心理師的筆耕不輟非常有關係。

這本書有三大重點，分別是：依附與愛情、父母與教養、自我責備與自我撫慰。這裡先給初讀本書的朋友做個簡單的綜覽。

一、依附與愛情

由於依附風格的不同，某些讀者在面臨人際衝突時，更傾向認錯、解釋、反覆確認對方的心意（焦慮型依附），某些讀者則傾向獨處、隔絕、沉默與不說話（逃避型依附）。

這兩類依附風格的碰撞，經常造成伴侶關係的痛苦。本書告訴我們，問題經常出在我們的不安，而不完全是他人的回應。

二、父母與教養

依附風格的形成除了我們的天性外，家庭教育也有一定的影響。因為缺乏安全感，父母有時會無意識地將孩子視為「討愛」的對象，從而過分模糊了親子之間的界線，讓孩子承擔父母的陰影而長大。

我們經常會複製與父母的關係，並沿用它來尋找自己的另一半。除非我們能有意識地加以阻絕，否則這段關係經常會持續到下一代。

三、自我責備與自我撫慰

追求認同是演化的安排，因此也是我們最強有力的心理需求。他人的評價總是讓我們介懷，別人的言論也經常可以輕易傷害我們。

我們甚至會在這樣的基礎上，無意識地二度譴責自己，覺得自己不夠好、不夠完美、不夠體貼、不夠細心、不夠……我們總是覺得自己「不夠」而不自知。這樣的內疚感使我們陷入焦慮的循環。慕姿心理師告訴我們，是「我做不好」，而非「我不夠好」。

我們可以從書中的內容看見，慕姿心理師試圖以認知介入的方式，協助我們中斷有害的行為與思考模式，以三大關係（愛情、親情、自己）中常見的實例來協助我們覺察。沒有覺察，我們就無法停頓。沒有停頓，我們就無法中斷那些反覆挫敗我們的應對方式。

我想幫作者補充一句，這些自我挫敗的應對方式經常是「無意識」的，也就是非自願的、我們沒有覺知到的。心理學無意責怪父母師長、責怪伴侶配偶，也無意責怪不小心傷害了自己的我們。

這些應對方式經常是學習來的，並在我們沒注意到的情況下出現。用書中的觀念相互指責或怪罪，其實是誤解了本書的初衷。本書的用意是將改變的能力賦予我們。當我們翻開了這本書，瞭解了心理學的知識與內容。不管做得好不好，實踐得是否徹底，哪怕是一小步，我們都會往自我改善的方向前進。

在親密關係裡，沒有人是抱著傷害對方的心來的。心理學致力於塑造一個更和諧的社會，本書的知識是用以打造一段更體貼的關係，而非反之。若能有這樣的心理準備，《關係黑洞》肯定能幫讀者朋友重新審視自己的人生。

請留心慕姿心理師在書中貼心為大家準備的各種key point，裡頭有好些觀念，她經常在粉專中分享。我也經常默想，好讓慕姿心理師所分享的技巧與觀念，慢慢浸潤我們的心靈深處。讀書可以快，但請練習不妨慢。

在強調情緒界限這件事情上，我從沒看過比慕姿心理師更用心、更傑出的。請趕緊翻開這本書，讓你的關係從黑洞變成滋養生命的苗圃。

【新版自序】

自我療癒之路，從理解開始

《關係黑洞》自二〇一八年出版至今，也已經過了六年多的時間。對我來說，出版的前三本書，可以說是定調了我的創作軌跡。

第一本書《情緒勒索》，讓我瞭解：我一直對於關係中權力不對等，所造成的溝通障礙與創傷的主題，很有興趣。

第三本書《他們都說妳「應該」》，可說是在我自我懷疑時，不停思考自己與他人的作品有何不同，所找到的解答：從社會、文化等系統脈絡，整體性地去思考一個心理現象或關係困擾的產生，是我有興趣，也較為擅長的地方。

第二本書《關係黑洞》，或許更接近於我與讀者們的療癒歷程。在《情緒勒索》出版後，聽到許多反饋的聲音，我才了解，在關係中，不論是在哪個位置的人，都有可能深深地受苦。撇開故意操控，與習慣拿他人來滿足自己的自戀者不說，有許多在關係中需要掌控，用情緒勒索方式互動的人，是因為內心有極大的不安全感，也是因為從來不知道如何好好對待自己。

因此《關係黑洞》這本書，我試著想從「不安全感」的角度切入，藉由一個又一個生活化的例子，討論在生活中常見的關係、困擾，希望讓困在關係的掙扎痛苦中，而想要更瞭解自己的人，能夠跟著書中的引導，一步一步地更理解、療癒自己。

因此，《關係黑洞》就是想寫給：許多剛開始學著想要理解自己，並且理解別人的人。所以，這本書的重點不是在多艱難的學理，而是希望讀這本書的讀者能夠有被理解的感受，及重新看待自己的能力。

在這本書中，我把自己丟了進去，希望可以與讀者一起，一步一步踏上理解自己的療癒之路，也想幫助大家，試著用不同角度，看待自己所遭遇的事情，以及與他人互動的方式，這也成為我之後寫作一個非常重要的元素。

有些讀者讀完這本書，認為這本書有點太簡單了，沒有因而學到很難的東西。我很開心聽到這樣的反饋，因為我想要傳達的就是：

其實療癒自己的方法並不難，只是在執行的時候，要願意相信、鼓勵並放過自己，這才是最難的。於是，當我們願意不停練習，並且讓自己鼓起勇氣，做出不同的選擇，我們就有機會可以往自己想要的路邁進。

從來，那個化解所有困難的神奇仙女棒，都不是在困難的方法或是別人身上，而是我們自己就做得到的事，這正是我想跟大家分享——自我療癒的重要關鍵。

在這本書中，還有一個和我的其他著作很不同的地方，就是帶入了許多理論，提點說明我想要講的概念。

會有這樣子的做法，與我在前一本書《情緒勒索》，被有些同業質疑，許多概念源自於我的實務經驗，而非有足夠的學理支持有關。現在讀來，那些對當時的我來說，必須要「獲得他人認可」，才放入的理論、說明，其實在閱讀中，有些地方感覺格格不入且不太順暢。這次要重新出版，我考慮再三，還是決定把這些內容留下來。因為，這代表著在當時的我，也仍然掙扎於「自我做法」與「他人看法」之間的選擇。這些掙扎，也才能讓後來的我，寫出了《過度努力》、《羞辱創傷》和《親密恐懼》。這些由我的角度，觀察台灣文化現象的心理書籍，讓我更堅定地寫出屬於我自己的東西。

過去的自己或許不臻完美，但唯有過去的自己如此努力，才有辦法成就現在的自己。這個內容的保留，是因為我想跟大家分享，我也一直在這樣的掙扎中，慢慢長成我現在的樣子。

許多心理學都強調，我們的許多心理困擾都來自於人際關係，而《關係黑洞》正是談「關係」的一本書。

歡迎你翻開這本書，和我一起，踏上瞭解自己，也瞭解別人的旅程吧！

目錄

目錄

Part II 為你好，而不只為我自己好——修復你的家庭

目錄

Part III
請允許自己脆弱
——修復最重要的你自己

目錄

Part I

原來，這樣只會把她／他推得更遠

——修復你的愛情

相愛容易，相處難？

日劇《三十拉警報》（Over Time）中，女主角夏樹說的一句話，深深打動當時的我：

「自己喜歡的人也喜歡自己，簡直就是奇蹟；而這個美好的奇蹟，神明就幫她取名叫做：『戀愛』。」

那時候的自己，一直覺得：「要找到一個你愛的人，剛好他也愛你，應該是全世界最困難的事情了吧！」

如果找得到，那只要有愛，之間就算有再大的困難，應該都可以克服的吧？

曾經，我是這麼相信著的，直到我談了戀愛。

我才慢慢發現：原來，就算有愛，兩人之間還是有很難跨越的鴻溝。於是，我花了很多時間，去面對自己的、對方的困難，還有我們兩個人之間相處的困難。

我也才知道，相愛不容易，相處更難。

後來，我才知道，**原來這些「困難」，其實是根源於我們內心的「不安全感」。這些不安全感，可能會使得我們將自己的不安，投射在對方與這份感情中，甚至變成了連我們自己都不認識的人**。

或許，我們在乎，所以我們不安；也許，我們都曾在彼此的不安全感中遍體鱗傷。只是，總是不要忘記，當初兩個人之間，是因為怎樣的奇蹟，而有辦法在一起相愛、相處，甚至吵架、傷心。

或許，你會翻開這本書，是因為你在關係中遇到了一些困難，而你想要修補、想要變得更好。

想要更幸福。

那麼，我想邀請你，先記起那些彼此交心、理解，可稱呼為「奇蹟」的片刻，那些曾讓你覺得「理所當然」的瞬間。

然後，好好珍惜它。

這些片刻，會使你更具有力量與希望，讓你能夠給自己一些鼓勵，以面對要修補關係中的困難挑戰：懷疑對方、懷疑自己、懷疑這段感情。

讓我們一起，開始這段修補愛情、修補生命的旅程吧！

愛情裡的不安全感

玲玲掛上電話，嘆了一口氣。

她又跟男友吵架了。

覺得心情很差的玲玲，打電話給自己的好友，說著剛剛發生的事情。

原來，剛剛玲玲打電話給男友。男友甫下班騎車回家，沒聽到手機響，因此沒有接到玲玲的電話。玲玲不停地打，打了幾十通電話給男友。

男友停車後，雖然回撥給玲玲，卻口氣很差：「我在騎車，剛又塞車，不過二十分鐘沒接你電話，你居然就打了幾十通，也太超過了吧！」

聽到男友的口氣，玲玲很受不了。自己等了這麼久的電話，居然還被男友責備，覺得男友一點都不考慮自己的心情，因而非常委屈。

男友也有他的想法，他覺得玲玲總是因為這樣的小事而懷疑自己，覺得無奈又生氣……兩人就此大吵了一架。

「你打太多通電話了，奪命連環叩，任何人都會不開心，而且他剛下班，又遇到塞車，情緒一定不太好。」好友聽完玲玲的描述，忍不住回應，她覺得玲玲太小題大作了。

「可是，我打那麼多通電話，他都沒回，我會擔心啊……在一起的時候，他說要給我安全感的，我們也約定好，十分鐘內他就要接起我的電話啊！這不就是他該做的、該給我的安全感嗎？」玲玲忍不住替自己講話。「**如果他連這種小事的承諾都不能遵守，那我要怎麼相信他？**」

好友聽了玲玲的話，忍不住在心裡嘆了一口氣。

看著玲玲對男友設下一堆規定、一天到晚查勤、懷疑東懷疑西，甚至限制越來越多……她都替玲玲覺得辛苦。

她也不得不佩服玲玲男友，雖然在這麼多的限制下，玲玲男友仍然盡量達到玲玲的標準：盡可能報備、給玲玲自己所有帳號的密碼、不跟任何女性朋友單獨外出。

雖然她是玲玲的好友，瞭解玲玲在感情中真的很沒有安全感，但老實說，令她不解的是：能為自己做到這樣的男友，到底還有什麼好擔心？而談戀愛談成這樣，到底還有什麼快樂可言？

安全感，真的是對方該給玲玲的嗎？尤其是當玲玲男友越做越多，玲玲卻變本加厲，越要越多的時候？

聽著玲玲的哭訴與抱怨，好友忍不住深思了起來……

關於玲玲，或許你身邊有這種例子；又或者，你或你的伴侶就和玲玲一樣，時常被不安全感綁架，瘋狂地要求另一半做出各種讓自己「安心」的行為。

玲玲怎麼了？為什麼會如此不安、不相信自己的伴侶呢？

而安全感，真的是別人給自己的嗎？

為什麼會有「不安全感」？

小萍一結束會議，拿起手機，發現有十幾通丈夫阿文的未接來電，立刻緊張地回撥給阿文。

「喂，為什麼剛剛我打電話給你，你都沒有接？」

聽到阿文的質問，小萍緊張地說：「因為剛剛我在開會，手機關靜音……」

話還沒說完，立刻被阿文打斷：「你不是說會只開一個小時？現在你回電都一個半小時了！每次你都有理由，要不手機不接、訊息不看不回……當初我們要結婚時，你不是說，你要幫我療癒我的傷口，要成為一個讓我有安全感的妻子嗎？可是你不接電話、不回訊息，這樣怎麼讓我有安全感？這就是你說你愛我、要求要我信任你的表現嗎？你根本就不重視我……」

小萍在電話的另一頭，安撫著阿文：「我當然是愛你的啊，只是開會會開多久，不是我可以決定的……」

一邊說著，小萍忍不住一邊在心裡嘆了口氣。

認識阿文之前，就知道他被前女友狠狠劈腿、分手的事情，聽到阿文說起自己的受傷與難過，當時的小萍很心疼他，希望自己能夠療癒阿文的這段傷。因此，小萍總盡量配合阿文的要求，不管是報備行蹤、盡量避免漏接阿文的來電等等，希望能夠藉此建立阿文對自己、對這段感情的信任感。

認識不到半年，兩人結了婚，原本覺得「結婚」應該會讓阿文更覺得安心，沒想到結婚之後，小萍發現阿文的不安全感大爆發，不但拚命查勤、對小萍提出許多不合理的要求，甚至會讓小萍覺得，阿文的這些不安全感，都是小萍造成的：

「因為你沒有回應我的需求、你忽視我！」

面對阿文可說是如無底洞般、永遠無法滿足的需求，結婚不到半年的小萍，覺得好累好累，在這樣的生活中，只有疲累、焦慮跟害怕，根本感覺不到愛；但面對阿文巨大的指責：「都是因為你，我才那麼沒有安全感」，小萍也忍不住懷疑自己：「他的不安全感，是不是真的是因為，我根本做得不夠？」

如果你身為一個時常感覺到不安、沒有安全感的人，或者，你的另一半就是這樣的人，你可能會問：

「為什麼（他／她或我）會有不安全感？」

難道真的是另一半／我，做得不夠，所以對方／我才會有不安全感嗎？

實際上，如果你的伴侶，或是你自己，是一個很容易不安的人；很多時候，**這些不安全感**，不一定跟別人做了什麼有關，而是**跟自己有關**。

根源於內心深處的不安，造成衝突

這種根源於內心深處的深層不安，時常與我們自己「對世界、對他人和對自己的看法」有關，而不一定與「對方的行為表現」有關。因此，關於不安全感，我們需要先討論：「你是怎麼看待自己、他人和這個世界的？」

當然，我們過往的經驗，可能會影響我們對自己、他人與世界的看法。

例如前例中的阿文，在被前女友背叛、劈腿之後，或許因為這次的創傷經驗，而形成對這世界、對伴侶關係的不安全感。

他可能會認為：「我是會被拋棄的，別人會欺騙、背叛我，甚至離開我；這世界上沒有真的可以信任而不變的關係。」

如果阿文沒有好好處理這次的創傷經驗，可能會使得他容易將這些不安全感、害怕被背叛，甚至覺得「另一半一定會背叛我」的感覺，投射到之後的伴侶關係，引發阿文在關係中極大的焦慮感。

如此，只要之後的伴侶，如例子中的小萍，一不小心做出會讓他「聯想起」過往受傷經驗的事件，就如同按下阿文的「情緒鍵」，就會讓阿文「焦慮不安」的情緒大爆發，於是覺得都是對方的錯，自己才會這麼沒有安全感、這麼擔心焦慮。

舉個例子說明：

如果，你的身體沒有任何傷口，碰一下，你可能只有微微的感覺，不會覺得痛，也不會有很大的反應；但是，如果你身體的某些部分已經受傷，一直都沒有癒合，只要別人輕輕碰一下、撞一下，你可能就會痛徹心扉，甚至可能會因而對別人生氣，認為都是別人造成自己這麼痛。

但是，因為那就是你的傷口或痛處，當你沒有包紮、處理好，只讓傷口暴露在外，就可能輕輕碰一下，你就會好痛好痛，而無法忍受。因此，可能不是因為對方太不溫柔或太不體貼。

那種痛徹心扉的痛，不一定是現在所面對的人造成的。

困在「投射性認同」裡

而這種在「關係中的焦慮情緒」，很容易引發衝突。羅貝塔・吉爾伯特醫師（Roberta M. Gilbert）在她的著作《解決關係焦慮》中，也提到過這個狀況。

她指出，美國知名家族系統理論學者包溫認為，**當在關係中出現極大的焦慮情緒時，使得「人會為本身所感受到的問題，尋找責怪的對象」**，**甚至「把自己的問題投射在他人身上」**，使得與他人陷入爭執，而讓兩人困在沒有太大幫助的「衝突模式」之中[1]。

當阿文沒有意識到自己的不安、焦慮，其實是源自於過往的經驗與自我的解讀，卻認為都是跟小萍有關時；如果小萍是一個很容易接受、在意他人評價與感受的人，她可能就會接受阿文的這個「明示」，認為自己「應該要給予阿文安全感」。因此，小萍很可能會在心裡下了個結論：「應該都要按照阿文想要的方式去做，否則阿文沒有安全感，『就是我害的』。」

這種：當對方對你的指責，你接受，並且按照對方的方式去做，這其實是一種「投射性認同」[2]。困在這個投射性認同裡，小萍固然會盡量按照阿文的方式去做，但久了，必然會覺得乏力；而阿文的要求，也會越來越高。

「為什麼會越來越高？如果我已經按照他要的方式去做，難道，他不是應該要變得比較有安全感嗎？」

這必須討論到，因「焦慮」而產生的對「控制對方的行為」，其實是一種「上癮行為」的表現。

[1]《解決關係焦慮——Bowen家庭系統理論的理想關係藍圖》，羅貝塔．吉爾伯特著，江文賢、田育慈譯，張老師文化，2016，頁81。

[2] 投射性認同：一方將其無法承擔的感受投射在另一方身上，另一方順應其感受而展現行為。

怎麼說呢？

焦慮產生的控制行為＝上癮行為

焦慮，究竟是什麼？

學者Mayer等人，試著用臨床角度描述「焦慮」這個讓人不太舒服的情緒：

「涉及對危險、威脅和苦惱的一種強烈預期，個人雖然想要努力克服，但在那時卻是無能為力……焦慮會引起身體上自律神經系統活動升高、腎上腺素及血壓的升高及心跳的加快……如果這種狀況持續一段時間，就會開始出現坐立難安、消化和睡眠受到影響……容易暴躁、發脾氣、挫折與缺乏耐性[3]。」

因此，「焦慮」也是種提醒我們有「危機可能出現」的感受，可說是一種警報系統。所以當焦慮出現的時候，如果想要降低這種「不舒服」的感覺，我們就必須做些什麼，安撫升起的「焦慮」情緒。

有時，焦慮可能會逼得我們準備得更充分、更積極地面對考驗；但有時，焦慮也會逼得我們做出一些對事情本身沒有幫助，但反而更困擾自己的行為——強迫行為。

約翰霍普金斯大學精神病學會主席保羅・麥休（Paul McHugh）曾提出「強迫行為的四階段模式」，說明強迫行為怎麼在當下暫時解除我們的焦慮，並且使我們上癮[4]（見三十七頁圖）。

例如，當媽媽太過擔心孩子的安危（焦慮），腦中不停擔心孩子可能出現的各種危險（強迫思考），然後決定要掌握孩子的每一刻行蹤（強迫行為）。

又或者，伴侶之間，一方對另一方

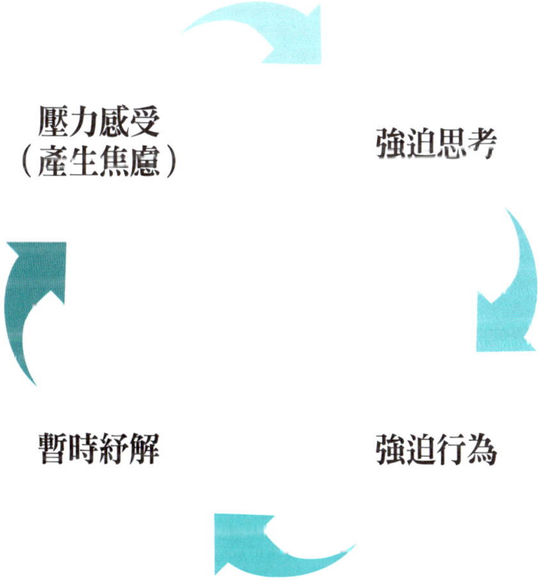

[3]《情緒心理學──情緒理論的透視》，史托曼（Strongman,K. T.）著，游恆山譯，五南圖書，2002，頁313。
[4]《心靈療癒自助手冊──心理學家教你看穿情緒，找回幸福人生》，克里斯多夫・柯特曼、哈洛・辛尼斯基著，黃孚如譯，遠見天下文化，2014，頁69-70。

很沒安全感（焦慮），於是在腦中一直想著他會不會做對不起我的事情（強迫思考），於是隨時奪命連環叩、查勤、問個不停（強迫行為）。

實際上，**這些強迫行為，雖然當下可能暫時緩解自身的焦慮感，但對於真正擔心的事情是沒有任何幫助的**。例如，媽媽真正希望的是孩子能夠安全，伴侶希望的是對方可以很愛自己、很重視自己，關係是穩固的……

以小萍和阿文的互動為例。在一開始交往時，由於小萍相當在乎他人的需求，習慣以他人的需求為重；因此，她盡可能地迎合阿文的要求，希望藉此給予他安全感。

但當阿文每次因為某些事件而產生「焦慮、不安全感」時，例如有事找小萍，小萍卻沒接電話，使得阿文焦慮、不安全感上升，就會產生各種「強迫思考」：「小萍是不是正在背叛我？欺騙我？做些我不知道的事情？」這些不安全感，由於重疊、混合過往被背叛的經驗，加上負面的強迫思考，因此焦慮一下子上升得很快。

然後，阿文做了一件事，來安撫自己因「強迫思考」而不停上升的焦慮——

你猜到了嗎？

是的，就是「奪命連環叩」的「強迫行為」。

這個不停重複的強迫行為，其實當下並不能有效地安撫阿文的焦慮，反而會使阿文的焦慮越來越上升。

那麼，為何阿文還會使用這樣的行為，安撫自己的焦慮呢？

原因在於，當小萍接電話或回電的瞬間，原本高漲的焦慮就會下降，就像坐雲霄飛車一樣，阿文的焦慮、不安感因而緩解，因此阿文總是會記得這種感覺、這個方法，而在每次焦慮不安來襲時，使用同樣的思考、行為應對。

但讀到這裡，或許你也發現了：一開始小萍沒接阿文電話時，阿文的焦慮指數，可能並沒有這麼高；但因為進行強迫思考與強迫行為，焦慮不斷上升，甚至爆表；然後，因為小萍的接電話與安撫，再度緩解。

這個**「焦慮上升／緩解」的過程，就跟上癮行為一樣**，會讓阿文記著上次小萍接電話、自己的焦慮被安撫的感覺。於是，每當阿文有焦慮、不安感時，可能都會用這樣的方式去緩解自己的焦慮。

但久而久之，原本的行為一定會遠遠不夠，就如同吸毒一般，會需要越來越大的用量，用以安撫如無底洞般、永遠無法滿足的、不安的內心。

執行「強迫行為」，讓我們覺得「可控」，有安心感

那麼為什麼，這些「強迫行為」，實際上並無助於事情本身，但卻一再被重複地執行，用以安撫我們的焦慮不安呢？

原因可能是因為，很多時候，當我們在面對未知、模糊的情況，容易產生焦慮，而執行這些「強迫行為」，可以讓我們有種錯覺：讓我們覺得情況是能夠被我們掌控的。

這種「可控」，能給我們帶來一種「確認」的安心感，焦慮也因而暫時緩解。

但這種**從「強迫思考」到「強迫行為」的歷程，會讓我們感覺越來越糟**、不舒服，因為「強迫思考」的內容多半都是負面想法；而很多時候，「強迫行為」也會讓我們對自己感覺更糟。

這可說是一種「上癮」的過程：「我知道這不好，但這可以暫時讓我感覺比較好」。

因此，當小萍不停地為了安撫阿文，而盡可能地滿足阿文的需求，那反而可能助長了阿文的「上癮行為」，卻沒有對阿文的不安全感，有更多的幫助。

因為事實上，**阿文內心最想要的**，並非是迅速回電、每打必接或行蹤透明的這些行為，而**是「我能夠相信你深深愛著我、不會背叛我」的關係**。

但若我們沒有發現自己「焦慮與不安的根源」，則很容易流於事件的表面，而要求很多對關係沒有幫助的行為，反而消磨了彼此真正的愛意。

童年經驗對不安全感的影響

基本上來說，我們對於這個世界、對他人，以及對自己的看法，根源於我們的過往經驗，包含童年、成長經驗……那些過往的經歷，都可能形成我們認為「這個世界是否安全」的思考架構，也形成我們的安全感。

著名人類發展學家艾瑞克森（E. H. Erikson），曾經提到在孩子兩歲前的發展階段，是「安全感」養成的重要時期。

在兩歲前的孩子相當脆弱，是亟需他人照顧的，此時如果主要照顧者（如母親），能夠適時回應嬰孩的需求，讓孩子感覺到：「如果我有需要，這個人都會來照顧我，他不會遺棄我。」那麼，這個孩子，就會形成對這個世界、他人與自己的基本信任感。他會比較願意相信：「這個世界是安全的，別人是愛我的，而我是值得被愛的。」

但如果，孩子在這段時間，時常感覺自己的需求被忽略，主要照顧者的「照顧」也非持續而穩定的時候，孩子對於這世界、他人與自己的信任感，就會比較低，也比較容易感覺到不安全感。

因此，心理學家約翰・鮑比（John Bowlby）提出了一個相當著名的理論：「依附理論」，而後由心理學家瑪麗・安斯沃斯（May Ainsworth）發揚光大，將我們與主要照顧者（母親）的依戀關係，分為以下三種[5]：

- **安全型**。
- **迴避型**。
- **焦慮—矛盾型**。

後來，這些依戀型態被應用在成人之愛中。在感情中，常見的伴侶搭配類型，或者是「安全型」搭配「焦慮型」、「安全型」搭配「迴避型」，或是最常見的：「焦慮型」搭配「迴避型」。實際上，此三種依戀類型的相關介紹書籍相當多，在此不再一一贅述。

簡單地說：

A 安全型的人：認為世界是安全的，而他人是會愛自己的，自己也是值得被愛的。

B 焦慮型（焦慮依附）的人：在關係中，比較需要與對方確認彼此的感受與關係，通常焦慮依附者比較能夠察覺對方的感受、情緒變化，所以有些焦慮依附者，看起來常常是在關係中比較「積極努力」的人，所以吵架的時候，這些人也會特別需要「講清楚」，因此就會追著另一半跑，或是用力表達自己的需求與感受。

C 逃避型（逃避依附）的人：過去經驗讓他比較相信自己，什麼事都自己來，不太習慣求助或表達脆弱，習慣展現「理性」，對他人比較不信任。迴避依附者對於他人的情緒，比較習慣用「逃離」的方式因

[5] Ainsworth, M.D., Blehar, M, Waters, E, & Wall, S. (1978) *Patterns of Attachment: A Psychological Study of the Strange Situation*, Hillsdale, NJ: Lawrence Erlbaum, p. 167.

應，而在面對自己的情緒時，由於連自己都難以理解自己的情緒，因此較難理解對方的感受。

如果你是「焦慮型」或是「逃避型」，那些「不安全感」，究竟怎麼影響愛情中的我們，包含思考、感受，以及我們的行為？

「不安全感」怎麼影響我們？

記得我當時剛就讀於心理諮商研究所時，第一次聽到了介紹依附理論的課程。當老師說：

「焦慮依附的人，總是覺得不安。他可能一天到晚都在擔心自己被丟下、被拋棄，或者是不被愛，所以日日惶惶不安，很想把對方抓得緊緊的……」時，覺得完全感同身受。

因為當時的我，就是一個十足十的「焦慮依附」人。大概所有焦慮依附的人有的特性，我都有，而且有過之而無不及。

但身為焦慮依附者，不只他人會覺得與之相處很辛苦；事實上，焦慮依附者對於自己總是不安、焦慮，其實也常覺得厭惡而煩躁。因此，當時的我好想知道：「到底，我有沒有辦法幫助自己，可以讓自己別總是這麼不安？」

因此，抱著一個像是準備問醫生「我還有沒有救」的心情，我詢問了老師：「老師，焦慮依附的人，有沒有可能讓自己不再不安？」

老師笑了，有點勉強地說：「呃……這種特質，基本來說，比較難改變啦……」

記得當時的我聽了，覺得根本晴天霹靂。

這就是說：

我一輩子都要跟這種不安共處，一輩子都抱著不安全感過活嗎？註定在戀愛路上，過著折磨自己，也折磨別人的生活？

即使到現在，我還記得當時我內心的震驚。

事隔多年，當我也開始進行諮商實務工作，從事伴侶／婚姻諮商，也在這過程慢慢調整自己，而後我才瞭解了一件事：

或許，這個「不安」，永遠是我的特質之一；

但是，**如何學會安撫我自己的不安與焦慮，就是我人生的重要課題**。

有趣的是，這樣的我，遇到的伴侶，正好是與我完全相反，是個在愛情中難以表達自己的感受、很難太親密，且需要保有空間的人。

如果你與我類似，也在愛情中容易焦慮不安，或是你的伴侶，剛好是這樣的人；抑或者，伴侶或你，是個獨立、很需要空間、很難表達感受的人，這兩種完全不同的「依附型態」，使得你和伴侶，總是像在兩個世界、不同文化的人，永遠很難互相理解與交集……

如果，你也有類似的感受，我想邀請你，跟我一起，試著理解：「我們發生了什麼事？」以及「我能為我自己做些什麼」。

感情中的你追，我跑：「焦慮依附者」的不安心情

「想到你，我總是覺得不安……」

如果你是焦慮依附者，或許，你時常感覺到在關係中，沒有安全感。

或許，你很願意給對方所有的關注與愛，而你也這麼做；但相對地，你似乎感覺對方沒有如你一般，如此地重視你、愛你，於是你開始擔心：

「是否，他沒有這麼愛我？是否，他可能會拋棄我？是否，他甚至會騙我？」

當你這麼想著，你更加不安；太多不確定的事情讓你感到焦慮，於是你需要抓到一些確定的東西。

或許，你最想要的，是一段穩定不變的愛，但「愛」，太過虛無飄渺、無法控制，這種「無法掌控」的感覺，會讓你下意識地擔心現在的幸福、擁有的東西會失去；而愛、與他人的親密關係，可說是你生命中最重要的事物。

因此，當你開始擔心自己「最重要的寶物」可能會消失，而生活會因而失控時，你可能就會做出這個決定：

「緊緊抓住這個寶物，絕對不要放手。」

你決定，要抓住你愛的這個人，控制他的行為，讓自己能夠隨時掌控、預測與知道他的一切行為與想法，甚至要求對方按照你想要的方式行動。

要求對方隨時報備，擁有對方社群網站的所有密碼，隨時可以看對方手機的權利，需要被你「審核」才能放行的各種社交活動……

然後，你就會覺得，暫時的「安心」。

問題是，在對方抵抗、拒絕，又或是勉為其難的配合下；以及日復一日，面對自我總是太多的焦慮，**焦慮依附者並非因而享受這些「控制對方」的感覺，反而在這樣的焦慮與「控制的行為」下，對自我產生許多厭惡感**：

「為什麼我總是如此焦慮、不信任對方？」

「為什麼我要這樣控制他？可是這樣，是真正的愛嗎？但好像不這麼做，他可能就會離開我、不愛我？」

身為焦慮依附者，一方面，在懷疑、猜忌對方的愛的過程中，討厭這樣焦慮不安、懷疑別人的自己；另一方面，因焦慮而採取各種「控制對方」的行為而成功時，雖然自己的焦慮暫時解除，但隨之而來的，是更深的沮喪感、更深的懷疑：

「他，是不是並不愛我，只是因為習慣而跟我在一起？所以他才會忍受我這些行為？」

於是，你越來越不喜歡你自己，也越來越不相信對方是真的愛你。

而越懷疑自己，焦慮就會越大；當焦慮越大，越覺得害怕，於是越需要對方有更多的證明，或是越需要控制對方的行為。

於是，這就成為**讓感情關係直直落的標準「惡性循環」：一段建立在焦慮與害怕的關係**。

如果沒有發現關於內心深深的焦慮與不安全感，其實並非完全來自於現在面前的這個人，而其實是來自於過往、根深柢固地對世界的看法，以及對自己的看法；可能就沒發現自我的內心可能是這麼想的：

「愛我的人，可能會離開；這種愛是變動而不穩定的；我可能是會被拋棄的；我不確定自己是值得被愛的；我不確定他人是值得信任的……」

如此，當你的不安全感與焦慮來襲時，你就可能誤以為：「是因為對方做了什麼，所以我才這麼不安」。於是，你可能會毫無節制地，將你的不安全感、焦慮，以及所伴隨的憤怒、沮喪、憂鬱情緒，全都歸咎於對方，將責任丟給現在和你在一起的這個人承擔，而且這個不安全感，讓你強烈感覺：

「對方應該要盡其所能向我證明：他是值得信任的。」

但實際上，在愛情中，你真正的大魔王不是你對面的這個人，而是你的心魔。

請給我一些空間——「逃避依附者」的不安面貌

小安忐忑不安地在沙發坐著，等著阿華回家。

昨晚，小安與阿華大吵了一架，原因是因為，小安覺得阿華每日忙於工作，早出晚歸，兩個人沒有什麼時間相處。小安提出的兩天一夜小旅行，阿華總說自己很忙，而讓這個小旅行無限延期。

小安知道，阿華剛與朋友合開了一家新創公司，創業維艱，而阿華又是一個自我要求相當高的人，事必躬親，因此工作忙碌是正常的。小安不是不能體諒，但對於阿華幾乎沒有留兩人相處的時間，讓小安忍不住想：「我對你，到底是怎樣的存在？真的是一點重要性都沒有嗎？」

尤其是，當阿華居然答應要和公司的員工一起去員工旅遊，而告知小安，問她要不要一起去時，忍耐許久的小安爆發了：

「我問了你將近半年的兩天一夜旅行，你湊不出時間。員工旅遊要出國五天四夜，你就湊得出時間？到底是我重要，還是你員工重要？」

聽到小安這麼說，阿華也爆發：「本來想說你很想去旅行，所以我才問你……不想去就算了！不勉強你！」

吵完架後，阿華躲到書房去；而小安在臥房的床上流著眼淚，一夜無眠。

仔細想想昨晚的狀況，小安覺得兩人之間有些誤會，於是決定要跟阿華好好談他們之間的相處情況，也想要跟阿華表達自己的感受。因此今晚小安提早下班，想釐清下頭緒，好好跟阿華討論這個問題。

阿華一返家，看到小安坐在沙發上，立刻不發一語的往書房走去。

「阿華，你等一下，你不覺得昨晚的事情，我們應該談一談嗎？」小安站起身，對著阿華說。

「有什麼好說的？」阿華心不在焉地把包包放下，身上的外套掛起。「所以你現在還想找我吵架，是不是？」

小安愕然。「我哪有，我是想，昨天我們有些誤會……」

「如果你不想吵架，那就不要再說了，沒有什麼好談的。」說完這句話，阿華轉身去浴室洗澡，留下小安一個人在客廳，覺得沮喪又挫折……

在我的經驗中，我深深感受到：對於在關係中的焦慮依附與迴避依附，彼此可能都覺得，對方根本是另一個星球上的生物。

對於焦慮依附者而言，人生最重要的事情，就是與重要他人的「關係」。「關係」，是焦慮依附者生活的重心、自己的全世界，為了自己所重視的「關係」，焦慮依附者可以做任何事情。有時，我甚至會比喻：

焦慮依附者，願意拿自己的血肉與一切，鋪成一條通往「美好關係」的道路。

但對於**逃避依附者**而言，他們的世界樣貌不是這個樣子。對他們而言，**人生最需要保護的，不是關係，而是自己**。

一旦自己的感受受傷、感覺被控制、無法自由地決定自己的行動，甚至得為別人的情緒負責時，逃避依附者會對關係失去安全感與信心，只想躲起來，躲回一個讓自己安靜、舒服的空間，保護自己不被傷害，慢慢平穩自己高昂的情緒，以及安撫感覺自己「不夠好」的挫敗感。

「逃避依附者」覺得自己不夠好的挫敗感

挫敗感？這個挫敗感從何而來呢？

這就必須談到，一旦焦慮依附者與逃避依附者吵架，兩個人面對衝突的處理方式。

如果你是一個焦慮依附者，或許就會在衝突過後，堅持要趕快「說清楚，講明白」，要馬上「談一談」的那方。但也許，你也時常在這過程中受挫，因為你發現對方似乎不想要跟你「談一談」，而他的反應總讓你沮喪，更讓你覺得：「他好像不如我一般重視這段關係，是不是根本不愛我？」

實際上，面對「吵架後的談一談」，焦慮依附者與迴避依附者，他們對於這件事的看法是完全不同的。

對於焦慮依附者而言，想要「談一談」，是因為「我在乎我們之間的關係、我想要知道你的想法、我想要確定我們的關係是沒有問題的、是穩固的……」。

但對於逃避依附者而言，他們聽到對方想要「談一談」，經過他們腦中的篩子過濾之後，會變成完全不一樣的意思。

他們是怎麼想的呢？

許多逃避依附者覺得，你想要「談一談」，代表「你對現在的我不滿意，你想要抱怨我，你覺得我不夠好」。

發現了嗎？對於焦慮依附者而言，「談一談」，代表著「我想要表達我的需求，也想知道你想什麼」，帶有「我想要跟你更靠近」、想要跟你有更深的「關係」的需要；但對於逃避依附者而言，他所聽到的，是對他不滿意、覺得他不夠好，是質疑他的「能力」。

為了逃避這種覺得自己「不夠好」的挫敗感，迴避依附者當然不會想要「談一談」，而只想要「躲起來」，舔舐「覺得自己不夠好」的傷與不安；或是，遠離那個「會讓我覺得自己不夠好」的人。

「逃避依附者」害怕「說出需求」

此外，**「說出需求」這件事，對逃避依附者而言，這些表達，都代表有可能「會衝突」**。習慣用「避免衝突」來保護自己與保護關係的逃避依附者，就會更希望用冷處理或息事寧人的方式，看起來就像「躲起來」或是「沒反應」，盡可能避免再一次的衝突。

而當逃避依附者越逃避、越躲起來，有時會出現類似「想要丟下一切，什麼都不管」的表現；對於焦慮依附者而言，若用自身邏輯去解釋這件事情，更會把逃避依附的這個行為解釋成「拒絕我」，甚至是「不愛我」、「討厭我」的表現（對焦慮依附者來說，自己可能只有面對自己不在乎或討厭的人，才會這麼做）；因此，焦慮依附者會更加沮喪挫折、更加不安。

於是，「吵架的你追，我跑」循環圈因此形成。這循環圈越牢固，焦慮依附者越焦慮，越覺得自己不被重視、越覺得不安，因而追得越緊；逃避依附者越覺得壓力很大，覺得自己達不到對方要求，感覺自己很糟糕，衝突又讓他的情緒起伏很大，於是焦慮不安，跑得越遠。

而當兩方在遇到衝突時，面對「如何平息衝突」看法是如此的不同：

焦慮依附者覺得，因為衝突，使得我對於「關係的不安感」升起，因此「我需要談，需要知道你在想什麼，需要更靠近」，以更確定我們之間的關係；

但對逃避依附者來說，面對關係間的衝突與對方的情緒，他對「自我能力的不安感」會升起，對他而言，「平息衝突」最好的方法，就是不要談，不要讓彼此再有情緒或衝突，也不想再感覺到：自己讓對方失望或做不到對方的期待。因此，面對追著的焦慮依附者，迴避依附者要不躲起來，要不逃得越來越遠，甚至逃離這段關係。

無法面對的不安全感

小紋不可思議地，看著不停打電動的阿遠。

對小紋而言，她不能理解：「為什麼我們剛吵完架，你卻可以一臉沒事的打電動？

難道你一點都不在乎嗎？」

遲疑了一會兒，小紋忍不住開口：「你不想談談剛剛的事情嗎？」

阿遠一言不發，繼續打著自己的電動。

小紋看著不發一語，看似把注意力都放在電動上的阿遠，忍不住難過地哭了起來。

「為什麼你總是這樣？好像一點都不在乎我的感受。我覺得你根本都不在乎我、不愛我，那你為什麼要跟我在一起……」

聽到小紋的話，阿遠沒有表情地繼續打著電動。

過不久，阿遠放下手上的電動，不發一語，看都不看小紋一眼，轉身離開現場。

看著阿遠離開的背影，小紋既傷心又難過。

她感覺到，自己與阿遠的距離好遠，似乎永遠碰觸不了阿遠的內心……

或許上面這個例子，你並不陌生，可能你正是小紋的角色；或，你是阿遠。

在這個例子裡，小紋偏向「焦慮依附者」，而阿遠是「迴避依附者」。身為小紋，可能很難理解阿遠的心情，甚至會與小紋相同，覺得阿遠必然是不在乎這段感情、不在乎小紋的感受，所以才會這麼「沒有反應」。

但身為逃避依附者的阿遠，面對小紋的難過與眼淚，其心情是非常波濤洶湧的。

實際上，面對衝突，也就是小紋說的那些話，對阿遠而言，就如同是對自己的「指控」與「抱怨」；聽到這些，阿遠的內心有太多翻攪的情緒，不知道該怎麼處理；因此，讓自己轉移注意力，專注在其他「可控」，甚至「理性分析」的事物上，才能讓阿遠感覺好過一些。

那麼，為什麼逃避依附者這麼害怕面對「衝突」呢？

這必須談到，許多逃避依附者，非常不喜歡面對他人的「情緒」。

在實務經驗中，發現有**許多逃避依附者**，因為不善於面對、處理自己與他人的情緒，甚至他們**對於情緒是極其敏感的**——並非無感，反而是因為太過敏感，自己的情緒也很容易被他人的情緒所激發，但卻不知道怎麼處理，**因此他們學會了一件事情**：

「情緒隔絕」。

他們學會關閉起自己的情緒——當然，他們也有這樣的能力；因此，他們越來越習慣用「理性」來處理、面對事情，因為用「理性判斷」來處理事情，是客觀且可控，而不必被不擅長的「情緒」所影響，一切都是可控的，因此代表著「一切都在我的掌握當中」，如此可以讓「自我感覺良好一些」。

那麼，為什麼逃避依附者這麼害怕面對情緒？

或許，這跟他們過往的經驗有關。當他們曾被要求「需要為了別人的情緒負責」，或「如果別人情緒不好，一定是因為你沒有做什麼」的時候，這些逃避依附者，面對別人情緒時，可能就會因而升起「可能是我什麼事情沒做好，所以他才會有情緒」的恐懼與不安——這種**與過往經驗有關的「情緒印記」**；因此，為了「讓自己感覺好一點」，讓自己不要一直感受到「別人因為我而情緒不好，這是我的責任」的「是我沒做好、我很糟糕」的羞愧感受，他們學會把自己的感覺「關起來」，讓自己不需要去面對這些情緒。

但是，當逃避依附者把自己關起來的時候，也就是他們與他人「很難接觸」的時候；而若他的伴侶是焦慮依附者，可能會因而感覺更加不安、挫折，覺得「對方之所以沒反應，一定是因為他不在乎我、不在乎這段感情」，就如同上面舉的例子。

而後，焦慮依附者可能會因而更加不安、追得更緊，逃避依附者則跑得更遠；或者是，焦慮依附者過於挫折、逃避依附者覺得壓力過大，開始考慮這段關係是否該繼續下去——

因而，兩方都開始懷疑：「是不是，我們根本就不適合？會不會，這世界上能夠有人更適合我？可以包容、接納全部的我自己？」

於是，我們開始想像，是否有「靈魂伴侶」的可能。

因為不安，而追求無條件的愛——真的有靈魂伴侶嗎？

討論關於愛情的話題時，我發現許多人其實都有一個期待：

「我想要有一個全心全意理解接納我、包容我、愛我的人。」

記得在我一、二十歲時，我也有這樣的期待。開始談戀愛時，會以為自己遇到的是這樣的人，於是奮不顧身地踏進戀愛；但交往一陣子後，發現對方不是自己所想像的樣子時，那種失望、生氣、難過……讓我覺得挫敗而沮喪。

「是我不夠好嗎？是對方不是那個『對的人』嗎？還是說，這世界上，根本沒有這樣的人？」

我後來發現，這種**追求「無條件的愛」的期待，就像找尋自己理想中的母愛那樣**。

或許，我們在過往經驗中，都有一些遺憾，使得我們對於「愛」有一些理想；又或者，我們很幸運地，真的曾被自己的父母這樣愛過……但如果我們過度理想化，誤以為不是這樣「無條件的愛」就不是愛，看不清「戀人就是戀人，不是我們心中想要的父母」時，我們很容易**陷入一種「全有全無」的思考中：過度理想化／醜化對方**。

這種「全有全無」的思考，可能讓我們在踏入戀愛時，習慣性地過於理想化對方；而也容易讓我們，在愛情中遇到挫敗時過度失望，甚至醜化對方、醜化自己。

然後，我們可能會因此放棄現在這段關係，再次去尋找一個「符合自己理想的人」，繼續經歷著：一開始理想化對方，覺得對方是那個「對的人」；而後因為對方讓自己有些地方失望、不夠滿足自己的需求，因而覺得幻想破滅的過程。

在客體理論中，提過一個名詞來描述這個現象：理想化與貶抑[6]。有時候，我們會過度理想化面前這個人，即使他有一些小缺點，我們都願意用一些合理化的方式，繼續把這個人放在「毫無缺點」的「偶像」位置；而當對方做了一些讓我們覺得失望、感情挫敗的事情，我們立刻將對方過去做的好事全部抹煞，認定：「他就是讓我失望、是不夠好的，是糟糕的！」

於是，我們繼續對現實失望，繼續尋找著自己內心的「靈魂伴侶」。「靈魂伴侶」，就成為是一個「偶像」般，遙不可及；但因為有這個「理想」，讓我們對現實失望之餘，還有個可以期待、寄託的對象。

但問題是，真的有「能夠全心全意理解接納我、包容我、愛我的人」的靈魂伴侶存在嗎？

這時，我想要問書前的你兩個問題：

「你覺得，你是否可以這樣對待另一個人？不論何時，都理解、接納對方，最為重視對方的需求、尊重對方的感受？」

以及——

「你是否可以這樣對待自己？不論何時，都理解、接納自己，最為重視自己的需求、尊重自己的感受？」

面對第一個問題，大部分的人，回答是「不能」。因為我們也都有自己的需求、自己的困難，有時候，我們沒辦法回應對方的需要，並不代表我們不愛對方，而是因為：現在的我們，是有困難的，「心有餘而力不足」。

而第二個問題，回答「不能」的人可能更多了。因為有時，我們對自己是殘忍的，我們不擅長理解自己，也可能時常否定、懷疑自己的感受；當我們遇到挫折時，我們對自己，可能會比任何人都罵得凶。

[6]《人我之間——客體關係理論與實務》，格雷戈里·漢默頓著，楊添圍、周仁宇譯，心靈工坊文化，2013，頁114-21。

問問自己這兩個問題，我們可能就會發現：我們並不擅長善待自己，也可能因為害怕受傷，而對他人有所保留。

但是，我們卻期待有一個人，可以對我們做我們做不到的事。

這樣，是不是有一些不合理呢？

我能不能試著填補你的不安全感？

如果我的另一半，正是一個焦慮依附者，那我能夠用什麼方式來填補他的不安全感呢？

如果我照他的方式，愛他、回應他，是否就能夠幫助他、填補他的不安全感？

讓我們來看看下面的這個例子：

「老師，我的另一半很沒有安全感，時常會懷疑我會不會不愛他、丟下他……我時常告訴他，我其實很愛他，而且我也試著告訴他，我欣賞他的地方是什麼，他有什麼優點等等。

「但是，慢慢地，我發現一件很奇怪的事情：好像我越說我喜歡他、我很在意他，他反而更不安、更焦慮。

「當我稱讚他什麼地方很好，我很喜歡時，我以為他會開心，但他反而會問我：『如果我不是這樣，你就不會愛我嗎？』『如果我沒有這個優點，你是不是就會拋棄我？』」

「我突然覺得，好像我越愛他，他反而越不安，越患得患失、越沒有安全感。這到底是怎麼回事？」

很多時候，或許我們會以為：「只要給對方很多的愛，那不安的人，應該會慢慢安心了吧？」但事實上，有研究指出，**焦慮依附者可能會**因為對方的愛，而懷疑自己的價值、越沒有自信，「內隱自尊」變得更低[7]，也就是：

越被愛，越不相信自己值得被愛。

因為被愛，反而更擔心對方是不是只看到自己好的部分；或者是，更擔心這個愛，是一

[7] PETERSON, J. L. (2014). Explicit thoughts of security activate implicit self doubt in anxiously attached participants. *Personal Relationships*.

時的、不會永久的，而更擔心如果失去了，自己該怎麼辦。

因此，患得患失的情況變得更嚴重，甚至可能因而更加不安焦慮。

那麼，如果我的另一半是焦慮依附者，或，我正是個焦慮依附者，那我可以怎麼做，來幫助自己、增加自己的安全感呢？

Key Point

焦慮依附者的安全感

如果，我是「焦慮依附者」：請給自己安全感

首先，如果你身為一個焦慮依附者，請你練習「給自己安全感」。

要怎麼「給自己安全感」呢？

練習給自己安全感的第一步，是「相信自己的價值」。

請你開始練習，相信：「對面這個人，他喜歡我，是因為我身上的確有讓他喜歡的特質。不過，不管他是不是喜歡我，我都是很不錯的人；他的喜歡與否，並不會影響我的價值。」

當你相信自己是個有價值的人，不會因為這段關係的存在與否，或是別人喜愛你與否而影響你的價值，你才有機會減少因「焦慮不安」而對「關係與愛」的追逐，才有機會停下你的腳步，好好感受別人對你的「愛與欣賞」。

你才可以真真切切地感受：

「啊，真的是有人愛我的，我真的是值得被愛的。」

第二步，練習「相信這段關係」。

很多時候，許多焦慮依附者很難「相信一段關係」。我們時常認為，關係是不可能永恆不變的，現在快樂了，之後可能就會痛苦了；甚至，關係是很容易因為一點小事就斷裂、就失去的。

而，這些斷裂的關係，對於焦慮依附者而言，可能都是肇因於自己，「都是我害的！」是自己不夠好、不夠努力、不夠……

但實際上，一段關係的結束，有很多的可能性，大多並非出自於某一個人的原因。

因此，對於焦慮依附者，我鼓勵你們：「請開始練習相信這段關係」。

相信這段關係，並沒有這麼容易斷裂；相信你對面的這個人，留在這段關係裡，正是他重視你、重視這段關係的證明。

如果可以，你們能夠好好經營這段關係，那是一件很美好的事情；但如果兩人因為某些外在或相處的因素，使得必須結束這段關係，這可能有很多原因，而並非你的錯，也不會影響你的自我價值。

並不是你不夠好，所以對方才「丟下你」。

當你開始練習相信對方、相信這段關係，你或許就不需要對方做很多證明來「展現是在乎你、愛你」的；當你相信對方是愛你的，而或許有時候，他不能成功地理解你需要的「安慰」是什麼樣子，那麼或許你比較願意開始思考：「或許他是愛我的，但不知道怎麼安慰我；**那我能不能、願不願意教他？**」

而不是總用自己的方式，揣度對方不夠愛你、不夠在乎你。

如果，我是「焦慮依附者」的另一半：建立情緒界限，並說出感受

如果，你的另一半，正是一個焦慮依附者。

請你練習，跟你的另一半說明「你的感受」。

有的時候，焦慮依附者會因為不安而追得很緊，且夾帶許多情緒「排山倒海」而來。身為他的另一半，你可能會覺得被他的情緒追得喘不過氣，因而決定「息事寧人」——盡量按照他的方式去做。

或許，你甚至會出現比他更大的情緒，藉此嚇阻他，讓他停止用這樣的情緒行為對待你。

但很多時候你會發現，以上這兩種，都不是很好的選項。可能都會讓這段關係更加緊繃，陷入互相情緒勒索的惡性循環裡。

看到這裡，或許你會問：「那麼，我該怎麼做才好？」

我的建議是：請先練習劃定你與他之間的情緒界限，然後把你的感受說出來。

劃定情緒界限

當你面對焦慮依附者的不安情緒時，**請你先告訴自己：**

「這是他的情緒，有他的原因，而不完全是我造成的。」

藉此想法，讓你有機會與對方的情緒建立界限，而不至於陷入過度的罪惡感或無力感當中。

當你知道：「這是他的情緒，而不一定是我造成」的時候，你反而較沒有罪惡感，不覺得是你的錯，因而更有能力去做到比較多的事情，你也會更願意做這些事。

因為，做這些事，代表你是「在幫忙他」，而不是「這是我的錯，我要贖罪」。

當你願意幫忙他，當然是因為你是在意他、愛他的。

這種**因為「愛」或「有意識的選擇」而做的決定**、**行為，會使得你願意協助對方**，而不至於覺得過度煩躁，或是壓力很大。

逃避依附者的安全感

如果你是「逃避依附者」：請練習說出自己的感受

逃避依附者的另一半，時常正好是焦慮依附者；而焦慮依附者的情緒，有時會讓逃避依附者感到巨大的壓力，想要離開或逃避；但逃避依附者面對情緒的行動，又時常讓焦慮依附者覺得受傷，覺得被丟下，反而產生更大的情緒，使得兩人互動更加陷入膠著。

因此，如果你是逃避依附者，當你因為另一半過大的情緒而覺得不舒服，開始想對另一半劃定情緒界限，或是想要離開現場時，你可以練習表達你真正的感受，在離開前，讓他知道：

「我知道你現在很不安，不過我什麼都沒做，而且我是很在乎你的；可是，每次你因為不安而懷疑我的時候，其實都讓我很受傷、很無力，有時也很挫折。所以，我需要離開一下、需要自己的空間。」

很多時候，焦慮依附者害怕的，是對方的「沒有回應」，那會讓焦慮依附者更感覺：「自己是不重要的、是被拋下的」；當你開始練習告訴焦慮依附者，你的感受時，他們反而比較能夠停下自己的焦慮，而學會同理你的感受。

而當他越瞭解你的感受，他也較不容易擔心，懷疑你的內心有一些對他而言「未知的領域」，而也比較能夠協助他，建立對這一段關係的信任與安全感。

不過，身為一個逃避依附者，「表達自己的感受」是一件很不容易，有時甚至是可怕的事情。

當面對情緒時，覺得不安焦慮，而想要立刻逃跑，也是一件常見的事情。

因此，前面所提到的：「劃定情緒界限」與「練習說出自己的感受」，正是你需要練習的事情。

相信當你把你的感受告訴對方時，其實是讓對方更容易理解你，更容易用你想要的方法對待你，而不會因而去控制你。

如果另一半是「逃避依附者」，請給他「安撫情緒的空間與時間」

前面有提到，對於逃避依附者而言，「有空間可以安撫自己的感受」，是一件很重要的事。

因此，如果你願意，請保留給逃避依附者「安撫情緒的空間與時間」。

如果你能劃下你與另一半之間的情緒界限，那麼你或許不會這麼焦慮於，你似乎要趕快讓你的另一半「心情變好」。別忘了，他的情緒並不是你的責任，而你對他的信任，就是給他一點空間，讓他好好平復自己的情緒，然後，你再適度地關心他。

不要把他的「需要空間」當成對你的「拒絕」。當你能夠有安全感，信任對方的愛時，對方感覺到你對他的信任，就有機會用你想要的方式，去對待你。

因為**當他不用費力逃跑時**，他才停得下來，才看得到你滿臉忍耐、強忍不安，而練習給他空間的你。

他才真正看得到，你對他的愛。

當我們都開始給自己安全感，相信自己值得被愛，也相信對方在這段關係，是「因為他愛我」時；我們也才有能力去練習給對方空間，說出自己的感受，嘗試一些我們原本並不擅長，甚至害怕去做的事情。
而這，才是愛的正向循環。

Key Point

如果，你是一個情緒勒索者，或是被勒索者

情緒勒索者的困境

「老師，你希望我們練習給自己安全感，但我覺得這對我真的很難。

「當我面對對方無法滿足我的需求時，我忍不住就想要一直責備他，說是他的錯……如果他跟我爭辯，我就會覺得好生氣；但如果他跟我道歉，跟我說他之後會改變，我卻覺得好難過，覺得不希望我們之間的關係變成這樣……」

這或許是許多情緒勒索者的困境。在我的上一本書《情緒勒索——那些在伴侶、親子、職場間，最讓人窒息的相處》中，我談了很多關於情緒被勒索者的困境與因應。而後來我發現，在台灣，許多情緒勒索者的困境，是**他們原本可能是情緒被勒索者**。

在過往的經驗中，他們被要求、強迫滿足別人的需求；他們很害怕，當自己沒辦法去滿足別人需求的自己，是很糟糕、不好的，卻也在滿足別人的過程中，感覺自己是不重要的。

當他們有機會能夠要求別人來滿足自己時，可能就會需索無度而過度任性，但想停，卻停不下來。

因為內心有種空虛與不安的黑洞，不停地催促著自己，要自己「多要一點」。

太大的不安全感，就像黑洞一樣，導致對愛的過度飢餓，讓人只把注意力放在自己身上，不停要求對方付出，導致損害關係的狀況，時常發生在情緒勒索者身上。

但是，偶爾回神，注意到情緒被勒索者的痛苦時，覺得難過、捨不得，卻也因而痛恨停不下來逼迫對方的自己時，內心更覺得厭惡自己，更不相信這樣的自己是會被愛著的。

然後就會更嚴重地、繼續同樣的索愛、勒索行為。

如果你是這樣的情緒勒索者，我想對你說：

那個願意去理解對方苦痛、會覺得難過、捨不得的你，才是真正的你。那正是你愛對方的證明。

只是，你的不安全感，總是讓你害怕，讓你得保護自己為優先，使你變成另外一個樣子。**那是你的保護殼，卻不是你真正的樣子**。

請你，練習聆聽你內心的聲音，練習注意你內心對另一半的疼惜，也練習疼惜這樣的自己。

我們都不願意被傷害、傷害對方，也都想要學著愛。

那麼，一點一點的嘗試，一點一點的信任，當我們成為我們想要成為的、那個能夠體諒對方、愛著對方的人時，我們就會對自己再多信任一些，也會更相信對方會愛著我們。

我總相信，愛，是一切的解答。

被情緒勒索者的困境

有的時候，你會因為對方過於高漲的情緒，或是對方的言語中，讓你感覺有罪惡感，因此你決定要按照對方的方式去做。

有的時候，你也可能因為不忍：不忍對方因為生氣或是情緒，做出一些傷害自己的事情；於是，你也可能因而屈服，讓自己盡可能地滿足對方的需求。

只是，回頭來看你的「屈服」，你會發現，自己的「不安全感」仍然扮演很重要的角色：「我如果不按照他的方式去做，好像會發生很可怕的事情」、「我如果不按照他的方式去做，關係可能會斷裂、他可能會很討厭我」……但你卻沒有發現，在一連串因不安、恐懼而勉強地順服中，你越來越感受不到你對對方的愛；甚至，你可能因而討厭、仇恨對方，而你也越來越討厭這樣的自己。

如果你是這樣的情緒被勒索者，我想要告訴你：

請不要再委屈自己，別再用「應該」來回應對方的需求，
而是用「我想要」來作為你行為上決定的準則。

當你不再委屈自己，以「你自己的需求」作為第一位；當你照顧好自己時，多餘的心力，你願意為了你重要的人而付出、而給予——

這就是你愛他的證明。而你，也才有機會在這些「我不勉強」的行動中，感受到：

「啊！原來，我真的是愛著這個人的。」

我願意為你，是因為我愛你，而不是我怕你。

這才是愛情真正的模樣。

Key Point

鼓勵你的另一半

當你的另一半開始練習做這樣的嘗試，請你知道這對他而言有多不容易，給他一個鼓勵、擁抱，都是增強這個正向循環的美好能量。

而如果，當你開始練習在做這樣的嘗試，你的另一半，可能不見得有這樣的能力，立刻信任你、信任這段關係，毫不猶疑地踏入這個信任的正向循環裡。畢竟，或許在過往的爭吵與創傷中，我們已經過度害怕受傷，而不敢嘗試相信。

請記得：

當你開始改變時，請以這樣的自己為榮。

因為，即使你害怕了，你還是練習改變，這代表：你想要好好對待自己，也想要好好面對這段關係；你珍惜自己，也珍惜這段關係。

這是一件很不簡單的事情。

當我們學著不要這麼害怕受傷，代表我們從追求「被愛」到了練習「愛人」的階段。

「我知道，或許你有能力讓我受傷，但我還是希望，你可以去做會讓你覺得快樂的事情；**因為你的快樂，對我而言是非常有意義的，是我非常在乎的事情。**」

而愛啊！就在這樣的勇敢中，逐漸淬鍊成更美的、強壯的、信任的力量。

情緒界限篇

因為不安，而必須「沒有界限」

在伴侶關係中，我們時常看到因為「情緒界限模糊」而出現的誤會與爭吵。

什麼是「情緒界限」呢？

在《情緒勒索——那些在伴侶、親子、職場間，最讓人窒息的相處》中，我曾經說明

「情緒界限」[8]：

界限，顧名思義，是指「一個範圍」。

「情緒界限」則是延續「界限」的意義，鼓勵我們在情緒上，與他人拉出一個距離，找出我們自己不能被侵犯的「範圍」。

當我們沒有建立起自己的「情緒界限」，會發生什麼事呢？

長期推動情緒教育的曹中瑋教授，在其著作《當下，與情緒相遇》一書提到，當我們沒有建立起自己的「情緒界限」，我們會很容易把他人的情緒當成自己的情緒，或是被他人的情緒所影響。

雖然看起來，建立「情緒界限」似乎是一件很重要的事情；但我們跟親密他人相處時，卻不容易建立清楚的情緒界限。原因是因為，當我們與他人建立親密關係時，我們必然放棄了某些個體的獨立性，不再只把注意力放在自己身上，會去試著注意他人、理解他人的感受。

[8]《情緒勒索——那些在伴侶、親子、職場間，最讓人窒息的相處》，周慕姿著，寶瓶文化，2017。

此外，**在台灣的文化裡，「關係緊密」是展現親密的重要手段：**「如果我跟你夠好，我們之間就應該沒有祕密、沒有距離。」這也使得，在台灣的社會裡，親密關係之間的情緒界限，多半是較為模糊不清的。

更甚者，除了情緒界限之外，在台灣，伴侶或親子間的「界限」也是時常混雜不清的；**我們時常會替對方「負責」、替對方「擔心」**：不論是對方的選擇或決定，或是對方自己需要去面對的難題等。

這種「時常為對方負責」的習慣，不論是情緒、自我抉擇，或是生活上的各種決定，都很容易造成情緒界限／人我界限不清。

這種「情緒界限模糊」的「習慣」，其實是從親子關係間承繼而來，這部分我在第二部分的「家庭篇」會再詳細說明。不過，這些模糊不清的情緒界限（或人我界限），卻很容易造成伴侶關係之間的困擾。

讓我們來看看接下來的例子。

你泥中有我，我泥中有你
——愛情中的情緒／人我界限

一個下大雨的夜裡，女孩接到男孩的電話：「我還有一些工作沒有完成，應該來不及和你吃飯了。你先吃吧！」

看著外面的滂沱大雨，女孩牽掛著男孩，決定準備一些飯菜，送過去給男孩。

到了男孩公司樓下，男孩還在開會。女孩拎著飯盒，撐著雨傘，在門口等待，期待著男孩結束工作後的身影。

終於，男孩開完會了。結束會議的他，急急忙忙下班，一走到門口，看到渾身濕的女孩，他隱約覺得有點生氣。

女孩看到男孩，開心地說：「你好慢喔！」帶點嬌嗔的。

聽到女孩說的這句話，男孩不知為何，突然有一股煩躁感升起。

他忍不住對著女孩說：「就跟你說，我工作會比較晚，你幹麼來！」

本來一直期待著的女孩，聽到男孩的回應，覺得好難過。「我本來是擔心你沒有準時吃飯，所以想要送晚餐給你……」

「沒想到，造成你的麻煩了嗎？」女孩想著，覺得好難過。

「為什麼我一番好意，卻不能獲得好的回應呢？我們之間，究竟發生了什麼事？」

上面的故事，你是否覺得熟悉？我發現，在伴侶間，這類的「故事」，時常發生。可能，你就是故事中的男孩或女孩。如果你是故事中的女孩，或許你覺得當時的男孩在責怪你，你也因而覺得挫折、難過，自己的好意不被重視，甚至會因而覺得沮喪，覺得自己的心意不被重視，而對這份感情、對男孩，都感到傷心、失望。

但是，男孩會有這個反應，並非因為他不理解女孩的好意。事實上，當男孩看到在大雨中，為了自己送飯菜來的女孩，自己卻讓她等了那麼久，男孩的心裡，忍不住升起了罪惡感。

為什麼會升起「罪惡感」呢？

原因是因為，男孩認為，自己應該要為了「女孩在雨中等待這麼久」的狀況負責，他下意識覺得：「這是我造成的」，因而升起了「罪惡感」。

而當這個罪惡感來襲時，男孩的心理防衛機轉或許就會對男孩說：「可是，又不是我願意讓她等那麼久的，我在開會啊！」那種不是自己造成的無奈，甚至對於晚下班的一點不滿、疲倦，以及對女孩的愧疚……全部合在一起，**變成最容易表達的情緒：生氣**。

因為生氣，可以讓男孩覺得「不是我的錯」而好過一點。

但實際上，如果男孩能夠練習建立兩人之間的「情緒／人我界限」，瞭解：「女孩這麼做，是因為她關心我、在乎我；而這是她自己的選擇，不是我的責任。」**練習尊重女孩的選擇**。如此，男孩才能不把女孩「在樓下等的責任」怪在自己身上，也不必因而抱有負疚感；那麼，男孩就能更容易感受到女孩的心意，也能夠直接表達對女孩的感謝，與對她的心疼。

或許，有些人看到這裡，會覺得：「那這樣不會太冷淡嗎？怎麼會說，這些決定都是對方的責任？好像對方活該一樣？」

所謂「讓對方負自己的責任」，並非是冷淡，或是說對方活該；而是讓我們彼此都知道：「我們都可以做自己的決定。而如果，我是為了你、在乎你的感受而做這件事，這個選擇仍然是由我自己決定的，你並不需要為我的決定與行為，負任何的責任。」

當我們有機會釐清這樣的觀點，我們反而能夠真心地感受：自己願意為對方做這樣的決定、行為與付出，純粹是因為我們愛他、在乎他；而非希望獲得對方的愛與感謝。

而對方，瞭解這是我們自己的決定與行為，他並不需要為這件事負責時，他也才有機會，好好感受我們純粹的愛與關懷，而非抱著罪惡、負累感，去面對我們每一次的關心與付出；如果總是抱著罪惡感面對這些「愛的行為」，能夠感受的，反而是壓力與煩躁；對方的愛，卻可能都無法感受得到了。

太有責任感的愛，有時反而是種負累；**感謝，是回應對方自願付出的最好方式**。當我們練習建立起伴侶間的情緒界限，不承擔對方的情緒責任，我們才能好好「感受」對方的好意，也才能坦率表達我們對伴侶的感謝與愛意。

為什麼另一半總是對外面的人比較好？

「最近在跟男友相處時，我發現一件事：他對外看起來總是好好先生，很多話又脾氣很好，好像沒有什麼會讓他生氣的事情。如果別人踩到他的點，他大多也不會真的生氣，甚至很在意、擔心自己如果生氣，別人的感受會如何；但每次他跟我相處時，很容易就對我生氣，如果我做了讓他不開心的事情，他就會跟我生很久的氣，甚至跟我冷戰。

「我時常覺得他對別人總是比對我好，別人比我重要……是不是，他其實根本不愛我？」

不知道大家有沒有這種經驗：發現應該最在意自己感受的伴侶，卻總是「比較在意」別人的感受，很擔心別人對他的看法，因此不敢表現出自己真正的感受或看法；但對於身邊的另一半，卻總是很容易表達出憤怒，甚至非常容易生氣，也時常忽略對方的感受。

或者，你就是這樣的人。

遇到這樣的伴侶，我們或許都會有些懷疑：「難道，你並不愛我、不在乎我嗎？」如果拿這問題去問另一半，或許他／她會沒好氣地回答：

「就是把你當自己人，所以才會把真正的自己展現給你看，好嗎？」

真的嗎？這是「真正的自己」嗎？

好好先生／小姐難以立下情緒界限

很多時候，當我們「情緒界限」不清楚時，我們會因為在意別人對我們的看法與評價，使得我們不敢表達自己真正的感受：擔心讓對方覺得不舒服、擔心自己做了什麼，造成別人的困擾……我們對自己要求極高，不敢麻煩別人一絲一毫。

問題是，有的時候，有些人並不會以同等的態度對待我們，使得我們可能必須忍耐著界限被侵犯的不舒服，甚至忍耐著憤怒等情緒，以避免衝突場面，以免「讓別人不舒服」。

於是，我們帶著這種不舒服、憤怒、被侵犯的感覺回家，與親密他人相處。這個人可能是我們的伴侶，甚至可能是我們的家人。

然後，他們可能對我們做了一些事情，那件事情讓我感覺我的界限被侵犯；於是，白天的那些「新仇舊恨」全部被召喚回來，就在這件與親密他人的小事中爆發。然後，我們表達生氣；或許對方試著理解我們，於是我們突然覺得好過了一些。

也有可能，對方覺得受傷，覺得「為什麼一點小事，你都要對我發脾氣」，兩個人因此吵了起來，一方覺得「對方不在乎我」，另一方覺得「就是對方的錯，是他這麼做，才害我發脾氣」。

實際上，在外是好好先生／小姐的另一半，回家後，卻變成另外一個人。有些時候，的確不是因為不在乎另一半或家人，而是因為覺得這個關係是安全的，覺得這個人是在乎自己的；所以，即使我對他表現出我最任性的一面，他都會包容我，就算生氣，也不會跟我生氣太久。

他們心裡明白：「我的家人／伴侶，他／她不會因為我生氣、我任性，就拋棄我。」

因為這種對這段關係與這個人的信任感，使得他們會更容易對這些人表達出自己真正的感受。

但這的確是有一個陷阱存在：這也使得這些好好先生／小姐，容易把沒有對別人發作的脾氣，帶回家借題發揮，趁機發作。

這並不代表他們是故意做這件事，而是因為，原本好好先生／小姐的困難，就是「建立界限、表達被侵犯界限的不舒服感受」。

而對外，這些不舒服的感受，沒有處理；帶回家之後，因為與親密他人很容易會出現界限不清，或踩線的行為，這也使得**這些「好人」，容易感受到白天那些不舒服的情緒「重現」**；也就是說，類似的行為，使得白天或過去那些未處理表達的情緒被召喚出來，使得現在發生的這件事變得難以忍受……於是，他們爆發！

如果自己沒分清楚這一點，總是「以愛為名」，覺得我就是愛你，才會「表達真實的自己」，那其實是個連自己都誤會的「陷阱」：你表達的不只是真實的自己，而有部分，是把自己不敢對別人表達的感受，發作在你以為可以發作的人身上。

這麼做，不但無助於改善對外的人際關係，還可能傷害對內的親密關係。

如果你是個好好先生／小姐，或你的伴侶／家人是這樣的人，試著鼓勵自己或他，**試**

著學會在別人侵犯自我界限時，對別人表達自己的感受；如此，不但可以改善自己的人際關係、互動、感受，讓自己不用這麼辛苦，也不會讓家人或伴侶總是「掃到颱風尾」。

另外，如果你的親密他人會如此對你「任性」，除了理解對方外，適當表達你的界限與不舒服的感受，讓對方瞭解你，讓對方有機會學著調整，也是很重要的一件事。

總是在「講道理」的另一半

小琪的心情很不好。

今天在公司裡，小琪因為一個不是自己的錯誤，而被主管罵了一頓，甚至還因而加班處理到很晚。

一回到家，見到自己的老公阿維，委屈了一整天的小琪，忍不住就開始抱怨：「我那個主管，他真的很誇張！自己沒把事情交代清楚，我明明就按照他的方式去做，結果出錯了，大老闆責怪下來，他居然就當著大老闆的面罵了我一頓，把錯都推到我身上。我真的好生氣！」

聽到小琪這麼說，阿維忍不住說話了：「你就是太好欺負了，遇到這種狀況，要適當地頂回去，不然你在大老闆那邊黑掉，怎麼辦？以後你就是要學會用email往來，這樣你主管說的話就有憑有據，你就不會吃這種啞巴虧……」

聽到阿維的回覆，小琪忍不住更生氣：「我哪有很好欺負？那個狀況，頂回去根本沒有比較好，很像小孩吵架，好不好？

「而且畢竟我沒有一天到晚遇到大老闆，可是主管是我直屬上司，如果跟他撕破臉，以後還有好日子過嗎？我跟他都盡量用email往來了，可是有時候很急的事情，可能就會口頭交代啊！我怎麼可能都叫他『你要再寄一份email給我』？你根本就不理解，不要一直給我建議，好不好？」

聽到小琪這麼說，阿維也不開心了：「是你跟我說你的狀況，我好心給你意見，你又不領情。那算了，以後我都不說了。」

說完，阿維回頭進房間，留下小琪一個人在原地，又氣、又委屈、又難過。

「剛剛究竟發生了什麼事？」這樣的場景，可能你、我都不陌生。如果你是小琪，或許很希望獲得一點阿維的安慰，但阿維這種「給建議」的方式，總是讓你覺得很不舒服。因為，你感覺到自己的委屈沒被看見，而且好像還被責備了一頓，感覺阿維像是在說：「你就是沒把這些事情做好，你才會被這麼對待。」

而如果你是阿維，可能也是委屈的：「我好心給她建議，對方反應還這樣，簡直不識好人心。」

問題是，當小琪很需要他人能夠「理解」自己的感受時，為什麼阿維「非得要」給小琪建議不可呢？

有時候，這和伴侶之間，「模糊的情緒界限」有關。

對方的情緒，不是你的責任

或許你、我都有這種經驗：當我們的伴侶心情不好時，我們的心情也很容易被影響，甚至很希望能趕快讓對方好起來。

這種**「希望對方趕快好起來」，是一種「為對方情緒負責」的習慣**，也是當我們沒有清楚的情緒界限時，很容易會有的想法。

但是，原本伴侶間，時常就會有情緒界限模糊的狀況。因為，當我們要「連結」、建立親密關係時，必然會有「覺得你、我是共同體」的狀況；這也使得，在親密關係中，時常會出現情緒界限模糊的狀況。

所以，或許小琪會覺得，阿維實在是太不體諒自己的感受，而且不夠重視自己。但實際上，就是因為阿維是在乎小琪感受的。

當小琪心情不好時，阿維感覺到很大的壓力與焦慮，但卻又不知道如何安撫小琪；於是，阿維就使用「理性建議」的方法，趕緊提供一些「技巧」，希望能夠讓小琪的心情「立即轉好」。

「會去承擔對方的情緒」，這其實也是因為「我們之間關係夠好」的證明。例如：如果是一個你不認識，或是不相熟的人，他突然問你，有沒有空聽他說說話，告訴你他的心情；如果當時你願意聽，多半你比較能夠安靜聽他說，而不是拚命地給建議。

因為，你很清楚：「他是個我不認識、不相熟的人，所以他的情緒不是我的責任，我不需要讓他趕快好起來；所以，我只要聽就好。」

有趣的是，這也是為什麼有很多人覺得，好像跟陌生人訴說自己的心情，反而比較能夠被同理、被理解。

而如果在此時，阿維能瞭解：「小琪的情緒不是我造成的，是她在工作上遇到了一些狀況，所以心情不好，想要講給我聽。」當知道「對方的情緒不是我的責任」，阿維就比較有能力可以聽小琪說的話，也比較能夠試著去理解、同理小琪的心情，而不至於急著給對方建議。

在愛裡，面對自己在意的人，我們或多或少都會希望自己能夠「讓對方快樂」，因而承擔對方的情緒責任，使得我們之間的情緒界限較為模糊。

只是有時，**過度承擔對方的情緒責任，可能會使得對方的情緒成為我們「過大的壓力」，使我們很難去包容、理解對方的心情**，反而會想要趕快「讓對方的情緒變好」；於是，兩人的關係因而更加緊繃。

但如果我們能夠意識到這件事，而知道：「在適當的時候，有著清楚的情緒界限，反而可以避免掉一些誤會與衝突」時，**允許自己給對方一個「發脾氣的空間」**時，親密關係之間的互動，可能因而更輕鬆、自在。

在愛中相處：委曲真能求全？

不論是因為不安全感，或是模糊的情緒界限，我們都很可能因為許多原因，產生了親密關係中的衝突。

在這衝突中，你可能覺得生氣，可能覺得委屈；但很多時候，或許你會因為對愛、對關係的不安全感，以及對自我價值的懷疑，使得自己無法結束一段關係，而說服自己繼續留在這段關係裡。

之前和一個朋友聊天，朋友有感而發地對我說：

「你會不會覺得，為什麼時常看到一個各方面條件都不錯的人，卻沒辦法離開對待他很壞的另一半？」

對啊，為什麼呢？

有些人可能會把這個行為解釋成「就是犯賤啊、奴性啊」這種自我貶低的話，也有些人比較會說「大概是鬼遮眼」之類的。

但我覺得，之所以一個「好人」總是會留在對待自己很壞的人的身邊，可能是因為：**這個好人，從小到大，都沒有被好好對待過，也沒有好好地對待自己過。**

從來，他／她最在意的是別人的感受，以他人的幸福為自己的幸福、自我價值來源，從來不知道，什麼是被好好尊重、疼愛、關心的感覺。

當然，他／她也不知道怎麼好好對待自己，**也從來不知道：「原來我是重要的。」**

所以，當遇到對待自己不好的人時，曾被好好對待過，或是能夠好好對待自己的人，很快就會注意到自己的感受，注意到目前的狀況不對，於是，不會讓自己委曲太久，就會逃之夭夭。

但一個沒有被好好對待過的人，他在不健康的關係中，是很能忍耐的，而且一直抱著「只要我好好表現、努力改變，也許有一天他會變得不一樣，對我也會變得不同」。

對於離開一段關係，他可能也會感覺害怕；因為，在沒有被好好對待的過程中，他的自我是被貶低的，他不相信自己是有價值的、值得被愛的，所以想到要分手，覺得害怕：

「如果我離開這個人，會不會找不到愛我的人，孤老一生？」

我想到以前在研究所時，課堂上老師邀請我們分享自己喜歡的、關於愛情的歌曲，當時，我選了這首歌（以下為節錄）：

王菲，〈給自己的情書〉（粵語）[9]

請不要灰心　你也會有人妒忌
你仰望到太高　貶低的只有自己
別盪失太早　旅遊有太多勝地
你記住你髮膚　會與你慶祝鑽禧
慰藉自己　開心的東西要專心記起
愛護自己　是地上拾到的真理
寫這高貴情書　用自言自語　作我的天書
自己都不愛　怎麼相愛　怎麼可給愛人好處

這千斤重情書　在夜闌盡處
如門前大樹　沒有他倚靠　歸家也不必撇雨
請不要哀傷　我會當你是偶像
你要別人憐愛　請安裝一個藥箱
做什麼也好　別為著得到讚賞
……

我很喜歡這首歌，對我而言，它說了一個在我年輕戀愛時、與人相處時，也不懂的真理；花了好多時間，我終於領悟到歌詞說的意思。

如果你曾在，或正在感情或關係中受苦，感覺自己不被愛，活在這世上似乎一點意義都沒有——

請你聽聽這首歌，並且記得提醒自己，或找一個好友提醒你：

[9]〈給自己的情書〉，王菲原唱，林夕詞。

「你是有價值且值得被愛的；而你的價值與人生意義，不需要別人來決定與定義。」

寫一封，給自己的情書吧！告訴你自己，你有多值得被愛。

Part II

為你好，而不只為我自己好

——修復你的家庭

不安全感怎麼影響我們的家庭？

不能讓小孩當小孩的「父母們」

小恩面對媽媽的要求，時常覺得疲倦。

小恩的父親，在小恩三歲時，就與小恩的母親離婚，從此消失在他們的生活中。小恩對於父親，是沒有什麼印象的；但是，時常聽到母親對父親的抱怨，以及她養育小恩與弟弟，是一件多麼辛苦的事。

「你那個爸爸很不負責任，就這樣丟下你們，跟別的女人一走了之。要不是我，你們哪可能長那麼大，你還可以念這麼高的學歷、找這麼好的工作？要不是為了你們，我早就出國，跟朋友去國外工作了……」

小恩一直都知道，媽媽把所有的關心與愛，都灌注在她與弟弟身上。尤其是小恩，由於從小課業表現好，因此媽媽對她更是有許多的期望與要求。

因此，小恩很習慣去安撫媽媽的情緒與回應她的需求。一旦媽媽有任何的要求，即使小恩覺得自己手上有事情在忙，自己也幾乎是毫無選擇地、反射動作地，會立刻回應、給予媽媽想要的東西。

不管是一通電話、一個訊息，或是一件突發事件。

前幾天下午，小恩正在上班時，媽媽打電話給小恩：「我今天晚餐想要燉雞湯，外面下大雨，我沒辦法出去買菜。你早點下班，買雞回來。」

小恩很想要下意識地答應，但是今天晚一點，她必須跟一個很重要的國外客戶視訊會議。這場會議裡，還有她的老闆，她不可能為了提早下班而將這個會議改期。

思考了一下，小恩很猶豫地跟媽媽說了自己的難處：「媽，我今天要開一個很重要的會議，我沒辦法提早下班……還是說你今天晚餐先隨便吃吃，我下班再買回去，明天你再煮呢？」

小恩的媽媽聽了，立刻覺得不高興：「你們這些孩子，現在大了，翅膀硬了，就都不管我了……都說工作有多重要，是有多重要？會比媽媽重要嗎？好啦，沒關係，我自己去買啦。雨下那麼大，也不知道我會不會在外面跌倒，還怎麼的。我這種年紀禁不起摔，不過誰叫我沒有別人那麼好命，有可以孝順自己的兒女喔！我一把老骨頭，也只能自己去買，不然怎麼辦？好啦，你就自己加班啦，不用理你媽，沒關係……」

小恩聽到媽媽說的話，覺得又難過，又有一點生氣。

難過的是，媽媽說的話，讓小恩感覺自己很不孝、很不替媽媽著想；但小恩也覺得，到底為什麼不能明天再煮雞湯呢？為什麼非得照媽媽的方式去做，才是孝順呢？

雖然有著各種複雜的情緒：難過、生氣、罪惡感……但一想到媽媽的情緒，小恩就覺得焦慮不安。

於是，小恩決定在會議前快速地先請一兩個小時的假，趕快把雞買好送回去，再趕緊回來參與這個會議。

只是，買回家的過程，小恩覺得又沮喪、又挫折，懷疑自己是否必須這樣一直滿足媽媽的需求，卻又為了自己有這樣的想法，而有罪惡感……

像小恩這樣，面對總是有強大不安全感、覺得被虧待的父母，他們時常需要感覺自己是被看重，甚至是最重要的。因此，**他們會用各種方式「測試」他們的兒女，希望從他們的子女身上，重新獲得可以任性、被愛的權利**。

反而，他們的兒女，從小可能就必須面對父母的「任性」，一旦自己沒有滿足他們，就是自己「不夠愛他們」，所以這些孩子們，不敢當小孩、不敢「任性」，把這個任性的權利，全部都讓渡給自己的父母。

我看過很多父母，因為感覺不到自己的父母是愛自己的，或是在婚姻裡，感覺不到另一半是愛自己的；這種「被虧待」的感覺，充滿了他們的生活，讓他們的心裡，有著強大的不安全感，而這種不安，侵蝕著他們對自己的看法，也讓他們變成下意識不停向孩子索取愛。

這些不安，讓他們的心，就像有個黑洞般，永遠都填不滿，永遠都不滿意。

有時，有些父母的不安全感，不是用純粹「索取愛」的方式表現，而是用「不讓孩子長大」或「不相信孩子已經長大」的方式表現，讓我們看看下面這個例子。

不能讓孩子長大成人的「父母們」

阿威很討厭回家，他最討厭的就是過年。

過年代表：必須待在家裡，跟爸媽大眼瞪小眼，而自己長期住外面，作息、生活習慣都與爸媽大不相同。長時間的年假，使得這些「不同」浮上檯面，增加自己與父母的摩擦。

再加上，回到「父母的家」，阿威感覺，已經三十歲的自己，好像又變回小孩，回到那個得唯父母命是從的年紀，事事要按父母的規定走；父母要靠許多詢問，確認

「你現在是否過得好／過得不好」，而過得好與否的標準，是父母訂定的。如果發現你不符合那些標準，「碎碎念」的招式就出現了。

阿威討厭極了碎碎念，於是他回家，就讓自己待在房間裡，能不跟父母互動，就不跟父母互動，以免讓他們有機會念自己。

但是當阿威出來上廁所，看著爸媽坐在客廳看電視的背影時，又忍不住覺得感傷。他不是沒有罪惡感的；他何嘗不想跟爸媽聊天，講一些自己的煩惱……家是自己的避風港，不是嗎？

但他一想到，如果他跟爸媽說自己的煩惱，可能會被說教，或是反而讓他們更擔心，就覺得：還是不要了吧。

阿威的爸媽，對於兒子的態度，並不是沒感覺的。

過年，是阿威爸媽最期待的時刻，那代表長期在外工作，很少回家的兒子會返家，全家人終於可以團圓，共享天倫之樂。

面對很久沒見的兒子，總覺得有些陌生，想要增進點感情，因此總忍不住多問了些問題……但看到他冷漠的回應，其實覺得傷心，於是就會變成用指責的口氣指責他，或是覺得他的生活「沒有規矩」：晚睡、吃東西不正常、懶散……而且，兒子已經三十了，人家說「三十而立」，應該早點成家結婚，自己在這個年紀，都已經有孩子、生下阿威了。但每次跟兒子提到結婚，或是想介紹對象給他相親，他都氣得跳腳，或是說爸媽很煩。

阿威的爸媽忍不住挑剔、忍不住碎念，「這些叮嚀也是為你好啊！」但兒子顯然不領情，親子間的距離好像也越來越遠。

阿威的爸媽，心裡有些手足無措：「小時候，我要求他做什麼，他只要按照我的方式做就好。我只要一個命令，他就一個動作。可是現在我說的話，他只覺得煩，或是生氣，難道爸媽對他只是負擔？是拖累？他根本不在乎我們？」

於是在又一次的衝突中，阿威爸媽指著阿威的鼻子罵：「你怎麼這麼不孝？這樣忤逆爸媽？」

阿威覺得自己受不了了，爸媽根本只會指責他，並不想瞭解他心裡的感受，於是阿威衝出家門……

當父母對於自己不夠有自信，認為必須**要證明自己對孩子是「有用」的**，以此感覺到自己的價值。而當孩子長大，再也不像以前這麼遵從、相信父母時，當失去孩子的掌控，有些父母可能就如阿威的父母一般，不但不安，甚至可能覺得，自己將被孩子拋下……他們可能因此而更「講究」對孩子的要求、規定、訓話……在這些不停的「教導」下，原本有強烈不安全感的父母，或許因為獲得掌控感而覺得安全，但這種方法，卻傷害了自己與孩子之間的關係，也**讓孩子「無法好好長大」**。

這些狀況，正是缺乏安全感的父母們，最容易與孩子互動的形式。

缺乏安全感——那些討愛的「父母們」

像小恩或阿威這樣的例子，在我們的日常生活中，並不少見。

如小恩一般，這些孩子可能從小就被父母訓練：必須忽略自己的需求，來滿足父母想要被愛、被照顧的需要。

這種「沒有自己，以父母的需求為需求」的習慣，使得這些孩子即使已經長大成人，仍然必須回應如孩子般的父母，他們需要孩子做出各種行為，來證明自己的愛、證明父母正在被愛，證明孩子並不會丟下他們。

或是，也許有些孩子如阿威一般，即使已經長大，父母仍無法尊重其生活習慣與方式，而以對待小孩的方式，對待已經長大成人的孩子。

對於孩子與自己不同的價值觀、生活模式深惡痛絕，認為自己必然一定要「糾正」孩子「不良」的習慣，或是對孩子的選擇沒信心，總是質疑、否定孩子的選擇。

如同我前面所提，這些表現，正是父母內心缺乏安全感的證明。

當自身缺乏安全感時，我們很難對自己有信心，很難相信對方能夠愛著這樣的自己。我們對於自己可能不夠好、不被愛這件事，既焦慮又不安，因此我們需要一個人，表現出無條件的愛與回應，讓我們確定自己是被愛的。

如果我們在自己的父母身上找不到這種無條件的愛，「孩子」就成為可能滿足我們這種需求的對象。

而如果我們缺乏安全感，帶著這樣的不安，我們總會擔心孩子長大成人後，拋下我們，有著自己的世界；因為對缺乏安全感的我們而言，當孩子獨立，有了我們無法進入或理解的世界，就代表著：我們可能會被拋棄、被丟下。

這些感受，讓我們極為不安；於是更想要做些什麼，把孩子緊緊地拉在身邊。

這樣的父母，因為缺乏安全感，而無法讓小孩好好當小孩；或是，無法接受小孩已經成為大人的事實，企圖還把對方當小孩，繼續控制對方——

我將他們稱為：討愛的父母們。

討愛的父母徵兆一：想要的，一定要得到

對於討愛的父母來說，由於缺乏安全感，因此他們想要的東西，一定要得到。

如同前文提到的小恩媽媽，他們會想盡方法、「保證」自己想要安撫自身不安的東西，一定可以從別人獲得，一定要能「討得到愛」；於是，孩子成為一個最棒的對象。因為，孩子是如此地需要父母、是如此需要父母的愛與肯定，因此很多時候，孩子願意成為父母「滿足愛的對象」。

除此之外，**台灣這個社會的文化，又賦予父母這樣「討愛的權力」**：「你如果不按照我要的去做，你就是不聽話、不孝順。」

只要把父母「討愛的需求」用「孝順」等美德包裝，「孩子就更有可能會按照我的需求、想法去做」，這會讓父母感覺到更有安全感。也就是說，「孝順」、「服從權威」，成為台灣社會給予父母、讓這樣的父母「一定要得到愛」的利器。

因為，這種「社會約定俗成的美德」，諸如「要孝順」、「要負責任」、「要親和待人」……都有一種共同特色，就是：定義不清。

沒有人可以說清楚這種「美德」真正的標準與定義是什麼，於是，就變成了在社會有發言權的權威們，可以替他人決定、用來貼人標籤的「標準」。

而這些「標準」，自然成為這些沒有安全感，想要「討愛」的父母的重要工具之一，讓他們要的東西一定可以得到。

於是，當「孝順」、這個社會共同約定俗成的「美德」，這個大帽子扣下來時，孩子幾乎只有兩個選擇：

要不成為一個順從父母需求、孝順的孩子。

要不就是違背父母，當一個「不孝的孩子」；然後，背負著他人不諒解的眼光與自身的罪惡感，懷疑著自己是不是真的不夠愛父母。

討愛的父母徵兆二：無法接受拒絕

如同前例裡提到小恩的媽媽，許多「討愛的父母們」，很難接受孩子的拒絕。面對孩子的拒絕時，這樣的父母，會因此覺得被忤逆，甚至勃然大怒，完全無法理解孩子拒絕自己的理由。

這些父母認為：孩子滿足自己的需求是天經地義的，不然就是不孝、就是不愛我。他們不能理解，孩子可能有自己的困難，這些父母無法接受任何的拒絕，因為「拒絕他們」，就是「傷害他們」。

麻煩的是，這些「討愛的父母們」，自己從小可能就是被這樣的思想養育成人：「我們必須回應父母的需求」、「在父母面前，我們的需求與感受都是沒有意義的、沒人在乎的」、「不可以說出自己真實的感受與脆弱」……

也就是說，**這些父母，過去可能曾經都被否定感受過，也可能多半都是情緒的被勒索者**。

當這些父母被這樣養育成人，沒有太多機會去理解、尊重自己的感受；因此，他們自然也很難去理解、尊重他人的感受。對於他們而言，勉強自己去迎合別人，是一種習慣，也**是自己所熟悉、表現愛的方式**。

因此，當他們需要愛時，也會用同樣的方式逼身邊的人就範，滿足自己的需求。

於是，這些父母們，也就從一個情緒被勒索者，變成勒索者，而這些起因，都源自於「缺乏安全感」。

但這些「討來的愛」，身為曾經的情緒被勒索者，其實這些父母，比誰都知道這些愛是「勉強得來」的，對方並不是真心愛自己，而是因為「沒有辦法」。

於是，抱著這些討來的愛，即使暫時讓不安全感的焦慮解除，過了一段時間，卻有更深的無力感上來。

因為，對於這些父母來說，「我始終不能相信你是真的愛我的，所以我需要你證明更多、做得更多；只要你一沒做到，我就可以生氣、對你憤怒，因為是你不夠愛我，是你的錯，因為孩子愛父母天經地義，因為這才叫做孝順。」

對這些父母而言，他們的想法是：

「我不能理解：你不能做到我的需求，很多時候，不是因為你不愛我，而是因為你有困難。

「我只相信，每一次你的拒絕，都是你不愛我的證明。」

當「討愛的父母」發現這些跡象，而決定相信孩子不愛自己時，雖然會覺得生氣，卻也有一種「熟悉的安全感」。因為，這是他們在過往的成長經驗中，面對父母或伴侶關係，最常感受到的狀況。那就是：

你拒絕我，是因為你不愛我。

抱持著這樣的「信念」，既熟悉，又安全；覺得受傷，卻又覺得被這個信念保護。受傷的是：「你拒絕我，是因為你不愛我」的這個感受，覺得被保護的是：「如果我相信自己是不被愛的，我想我不會這麼期待，也不會受傷。」

這種「追求不受傷」的感受，也是許多人在不安時，建立安全感的方法。

因此，當「討愛的父母」被拒絕時，就覺得自己可以「證明孩子不愛自己」，而有發怒的權利，如果因為他們的發怒，能夠讓自己的需求被滿足，也就得到了「習慣的安全感」。

但卻陷入了一個：「其實我真的不相信你愛我，我只知道你不得不這麼做」的不安全感循環中。

討愛的父母徵兆三：我一定是對的

這些父母們，由於缺乏安全感，對自己沒有自信，這種自卑的心情，讓他們在孩子面前，更得扮演「完美」的父母：不能有錯、代表絕對的權威、一定是對的。成為「絕對的正確」可說是他們捍衛自卑的自己的重要盔甲，也是他們重要的生存價值。

因此，他們可能會在面對孩子與自己的價值觀、想法或做法不同時，**用許多「指責」與「糾正」的話語，去貶損孩子**，讓孩子覺得：「我的做法是錯的，爸媽的做法才是對的。」藉此要求孩子按照他們的方式做。

無可避免地，他們固執、難以接受新的價值觀，而當他人想要與他們交流價值觀與想法時，會讓這些父母誤以為「對方要來撼動我的生存價值」，把對方與我不同的想法，都當作是對自己的否定；這使得他們的自尊受到傷害，因而產生攻擊、否認的反應，甚至為此勃然大怒，也讓孩子無法與他們做任何深入的交流與討論。

對於這些父母而言，自己的爸媽以前也是這樣對待自己的；因此，期待孩子「順」已經變成一個習慣，尤其從小到大，長期跟孩子的互動，都是比較權威式的「上對下」的要求與命令：「我說的、做的，都是對的。你要按照我的要求做。」

只是，就像前文提到的例子，如同阿威的父母般，隨著孩子長大，有自己的想法、事業與專業知識，這些父母面對著長大成人的孩子，不再像過往面對小孩的他們一樣，如此「萬能」、「無所不知」。於是，原本感覺能夠掌控全局的父母，突然不再能掌控全局了。

對於這個狀況，他們失去了控制感，覺得陌生而沒有安全感；可以說，**這樣的父母，缺乏著與長大的孩子——已經是成人的孩子——互動的方法、知識**，這種陌生讓他們不安；於是，他們緊抓著過去習慣的互動模式，還是用以前的方法跟孩子互動：害怕孩子受傷、希望孩子照著自己希望的路或方法做，把孩子當成孩子，而不是大人……這樣，父母才會覺得安心，覺得有安全感，覺得「這樣比較好」。

當孩子想要「做自己」時，父母不知道怎麼去認識這個新的孩子：當他變得不可預測，或是不講話。

對孩子而言，有時候不講話是最安全的：講了，怕你說我頂嘴、不孝，還會繼續被念到崩潰，還不如不講話，保護自己來得好。

然後，父母覺得孩子冷漠，不在乎他們；孩子覺得父母不瞭解、不在乎自己的感受，只想要控制自己。

於是，**親子之間**顯得疏離，有的只是應付、忍耐，或是表面的應和。

但**或許並不是不愛彼此，可能也在乎對方，只是並不瞭解**。

在面對孩子開始長大，孩子可能還是想要努力的，可能主動希望能夠調整彼此的關係、增加彼此的瞭解，因此嘗試說出自己的想法與感受。只是，當孩子主動說出自己的感受，這些父母也可能會無法接受，甚至感覺生氣，認為孩子在指責他們，覺得他們做得不夠好。

他們可能無法理解：當孩子說出自己的感受，其實是期盼彼此間的關係能有一些改變，而非純粹地抱怨父母。但對自己沒有信心、缺乏安全感的討愛父母而言，孩子每一個「表達的感受」，都是在抱怨父母「沒有做好」，都是對父母的指責。

這些被討愛父母理解的「指責與攻擊」，自然不會讓他們「自省」，反而會讓他們回過頭去攻擊孩子，對孩子說：「才不是我的錯，都是你的錯。」

對於孩子來說，鼓起勇氣說出自己脆弱的感受，原本就是非常困難的；而當孩子終於說出口，換得的不是彼此的更加靠近，反而是無情的指責與攻擊時，孩子可能就會萌生：「反正我做什麼都沒有用，父母不可能會瞭解我」的心情，於是，關上心門，戴著看似順從或無感的面具，去「應付」父母；或是，找盡方法，減少見面與受傷的機會，拉遠與父母的距離，與父母越離越遠。

討愛的父母徵兆四：無法信任孩子

很多時候，這樣的討愛父母，對於生活中有很強大的不安與焦慮。時常會擔心未來發生無法控制的事情，因此很擅長「未雨綢繆」，但有時候更可能過度焦慮。

這種因「缺乏安全感」而造成的自我懷疑與焦慮，會讓他們將這個情緒蔓延到孩子身上，也下意識地懷疑孩子判斷的能力，只相信自己的判斷。

因為對自己沒有自信，這些父母可能會很在乎別人或社會的眼光；他們服膺著社會的主流價值，深怕自己與他人的決定不同；他們無法接受太過冒險的選項，也很難尊重、相信孩子的判斷。

他們可能不願意給孩子練習犯錯的機會，因為他們同樣不能接受自己有錯；他們對自己自卑，連帶也讓這些父母懷疑孩子的判斷與能力；所以一旦孩子想要做出與社會主流不同的決定，他們可能會暴跳如雷、要孩子趕快打消這個念頭；甚至，**他們會把對自我懷疑的恐懼與焦慮傳染給孩子，讓孩子也開始質疑自己**：

「我是不是想得太少？」

「我是不是其實做不到？」

於是，孩子可能因而退縮，懷疑自己的能力，而成為聽話的好孩子。但**也因而失去了「為自己決定」的能力**。

討愛的父母徵兆五：無法表達自己的真實情感

因為缺乏安全感、缺乏自己「能被愛」的自信，這使得我們很害怕表現出自己真正的樣子，也很難對別人表達出自己真正的感受。

尤其是身為父母，當我們從小被教育：「表達出自己的感受，是脆弱無能的表現」時，面對孩子，我們希望自己可以成為不犯錯、什麼都可以處理的「萬能父母」。

因為，當我們感覺自己做不到什麼時，是如此讓我們覺得脆弱不安、無能，我們不喜歡這種感覺，更不喜歡在孩子面前表現軟弱。

因此，我們會用許多方式把自己武裝起來，讓自己用很多冠冕堂皇的道理、社會文化的期待，來包裝我們想被「滿足不安的需求」；如此，我們就能覺得自己強壯、堅強，覺得有安全感……

而我們的需求，仍然可以藉由這種方式滿足。不需要靠說出我們的真實情感，而只要用社會文化的期待包裝就好：「你不這麼做，你就是不孝、就是不好。」

但這樣，卻使得我們越來越不相信：「說出自己的感受」是對關係有幫助的；我們更覺得「說出感受」是一件脆弱，甚至軟弱的事，而當然會更吝於去表達。

當我們吝於表達，也否定了自己的感受，我們當然也不能承認：「不能表達感受，是因為我害怕。」

害怕使人脆弱，而我們必須要成為堅強的父母。

所以，說自己是「不喜歡」或「不習慣」表達感受，似乎容易得多。

用「應該」來要求別人與自己，似乎也容易得多。

畢竟，碰觸了真實的自己，過往的傷痛，可能會排山倒海而來。更何況，我們最害怕的其實是：

「如果我將真實的自己，展現在你面前，你是否會看不起我？」

因此，長期下來，連父母自己，都忘記自己原本的感受是什麼。

然後，我們用「應該」去要求孩子，藏起真實的感受，用後來訓練出來的「情緒面具」來讓孩子有壓力、有罪惡感，藉此逼孩子就範。

於是，我們成為「不停討愛的父母」，成為一個情緒勒索者，雖然我們不見得想這樣做。

到最後，我們忘了自己，真正的害怕是什麼，真正想要的又是什麼。而我們的生活，可能因而被不滿、憤怒、被虧待、不被愛給占滿，覺得身邊的人、自己的孩子，都不珍惜我，都背叛我……

我就很難不對身邊的人產生怨懟。

然後，我成為一個不快樂的人，**最後，卻要孩子來負責我的不快樂**。

這，不是有些諷刺嗎？

討愛的父母徵兆六：缺乏同理心

當父母總是不願意承認、否認自己的真實情緒時，對於自己的痛苦與感受就會遲鈍、隔絕，相對地，也會因而否認他人的感受。

尤其是，如果當父母在跟子女討愛，而子女鼓起勇氣，表達父母這樣的行為，會讓他們感覺到壓力與痛苦時，父母不但不能接受與理解，很多時候，可能還會惱羞成怒：

「你怎麼可以這樣講，真的是很不孝！」

否認自己情緒困擾的父母，在面對孩子說出真實情緒時，會認為孩子正在說：「爸媽，你們錯了！」認為孩子在指責他們；他們無法理解，其實是因為孩子重視父母的想法、重視這段關係，才會鼓起勇氣說出自己的感受。

對於孩子的痛苦與感受，這樣的父母，無法去理解與接受；**許多時候，甚至會用憤怒因應：**

「你這樣就那麼痛苦？那我怎麼辦？你抗壓性這麼低，會被社會淘汰！」

這樣因為「擔心自己被指責」而指責回去的狀況，讓父母無法同理孩子的心情，甚至否認孩子的感受。

當父母缺乏安全感，且無法辨識自己的真實感受時，對於孩子的感受，父母也很難真正地去理解；他們看似缺乏同理心，甚至可能因為孩子的情緒而生氣。

尤其如果孩子告訴父母，在父母討愛的過程中，是如何讓他們感覺到痛苦時，這些父母可能會為了逃避「犯錯的感覺」，因而否定孩子的痛苦，甚至會因為孩子的痛苦而生氣。

於是，**很多孩子**在與父母溝通，試圖真心相對的過程中，感覺到更加地痛苦不堪，而可能因而決定關上心門，**也開始成為否定自己感受的人**。

討愛的父母徵兆七：情緒界限模糊

很多**討愛父母們**還有一個傾向，他們**除了時常會希望孩子「為父母的情緒負責」之外，他們也時常「為孩子的情緒負責」**。這種情緒界限模糊的情況，時常出現在討愛父母與孩子的關係中。

下文就是一個很標準的例子：

小明的球隊今天參加冠軍賽。賽前，球隊的每個人都非常努力地準備與練習。但是，即使花了很多時間練習，對手實在太強，因此他們還是輸了。

雖然就是知道實力不如人，但仍然覺得很沮喪、挫折，畢竟自己與球隊這麼努力……回到家裡，小明仍然很沮喪，因此臉色不大好看。

爸媽看到小明的臉色，問了發生什麼事。

小明有氣無力地說了：「我們球隊輸了……」

爸爸立刻說：「那有什麼好沮喪的，勝不驕，敗不餒、失敗乃成功之母，與其花時間在那邊沮喪，不如好好地準備……而且你也要學測了，也趁機趕快收心，準備課業……」

爸爸話還沒說完，小明就臉色很臭的進了房間，「砰！」地一聲，把門關上了。

「你那是什麼態度……」在門外的爸爸繼續罵著。

而小明則是決定，要將爸爸關在門外，包括自己的心門……

在台灣的親子關係中，這是一種很常見的狀況。

當孩子心情不好時，父母會很急著用一些冠冕堂皇或要孩子「堅強」的話語，要孩子立刻放下自己的「負面情緒」，變回「心情很好的樣子」。

很多時候，孩子卻因為父母的這個舉動，而決定將許多事情隱瞞父母、不跟父母說，因為「反正說了，你也不會懂」；而父母也在孩子這樣的行為中，越來越不安、越來越想控制孩子的心情與行為。

實際上，會讓這些父母與孩子情緒界限如此模糊，與他們習慣忽略自己的情緒、感覺，以及太想要幫孩子的情緒負責任有關。

這些討愛父母們，不只是希望孩子幫他們的情緒負責任；他們仍然愛孩子，也希望能夠幫孩子一些事，而當孩子心情不好時，他們可能會覺得：「是不是我造成的？是我讓孩子心情不好？」

有時，即使知道問題不是在自己身上，但看著孩子的情緒，仍然會感覺到焦躁不安，覺得自己應該要做些什麼……

這也與這些討愛父母們過去的經驗有關。**當他們過去也是很習慣承擔他人情緒責任時，當然也會將這個習慣帶到自己的親密、家庭關係中**。

偏偏他們並不習慣用一個平等、尊重的方式，詢問對方的感受，反而會因為對方的心情不好，而下意識認為「對方是覺得我沒有做夠多事情」。因此，面對這樣的心情，這些焦躁不安的父母們，就很難去理解，反而會用很權威、控制的方式，逼對方「心情變好」，也藉此減少自己內心的焦慮。

其實這些父母在遇到孩子心情不好時，是想要安慰的；但在他們過往的成長經驗中，沒有學過怎麼安慰、同理人。所以，當他們面對自己重要他人的負面情緒時，過往成長經驗的感受會浮上來，**那種「我會心情不好，就是你的錯」的印象會出現；他們太討厭這種「錯在我身上」的感受**，於是這會使得，他們後來發展出因應這種感覺的「防衛機轉」自動出現，也就是：

「是你心情不好的錯。你應該要讓心情趕快好起來。」

若非對於對方的負面情緒感到在意、焦慮不安，其實並不需要對方「馬上好起來」；只是他們這種矛盾的表現，也就是：**雖然在意，但卻用生氣、控制的方式去表達**，反而會讓對方覺得——你對我的感受毫不在意，是沒有同理心的。

而這些父母的愛，無法成功地傳達到孩子的心。

討愛父母的真實範例：「否認自己的情緒」傷害著你、我的關係

小敏看到剛剛爸爸傳的訊息，嘆了一口氣。

今年，小敏在公司工作滿一年。這一年，工作十分辛苦，小敏沒有太多休假，甚至時常在假日加班。

在公司的大案子結束之後，主管跟小敏說：「這陣子真是辛苦你了！你今年還有十天的特休，找個時間，把這個特休用掉。」

聽到主管這麼說，小敏很開心，她一直很想要找個時間出國去玩。因此，小敏規劃了一下行程，決定要出國玩一週，好好度假、放空，犒賞一下自己疲倦的身心。

但是，當小敏打電話回家給父母，說了要休假出國這件事，小敏的爸爸突然就不講話。

結束電話後，小敏的爸爸就傳訊息給小敏：「父母在，不遠遊。難得的休假，你都沒有想過，我們兩老在家裡等你回來，你卻自己一個人要出國逍遙。你有沒有想過父母的心情，有沒有想到你該對父母盡孝的責任？還是，你只想到你自己的快樂，只想讓自己享受？」

收到簡訊後，小敏感覺到爸爸的怒氣，她覺得很有罪惡感，卻又有些無奈。要盡孝的「責任」，以及做自己想做的事情就是「不孝」的罪惡感，沉甸甸地壓在小敏的心裡。

小敏看著這封訊息，覺得壓力越來越大。

她突然有些後悔，自己跟爸爸說了這件事情……，「早知道，就不說了。不說，說不定比較好。」

面對爸爸的怒氣，小敏覺得壓力越來越大，而「回家」，變成了極大的壓力，成為一件不得不去完成的「應該的責任」。

「憤怒」的父母，遠離的子女

有些父母，因為感覺到孩子的忽略，或是希望孩子能夠多點時間陪伴他們，因此使用「憤怒」、「生氣」的情緒，藉此讓孩子產生壓力與罪惡感。

矛盾的是，孩子可能感覺到壓力與責任，因而決定陪伴父母。雖然父母達到了自己的目的，但內心的不安其實更多：「如果不是我這樣罵，你一定就不會陪我了吧？」於是，有許多父母，重複著這樣的行為，而孩子，雖然看似有時「屈服」在這樣的憤怒情緒中，但是，心，卻和父母越離越遠。

會發生這樣的事情，除了前面提到的，因為「討來的愛」，只會讓對方產生壓力與罪惡感，卻很難得到對方的真心以待之外，還包含另一件重要的事情：

憤怒的情緒，並不會讓關係更親近。

身為一個人，我們的情緒，其實都有其功能。而「憤怒」這個情緒，它的作用其實是：讓我們能夠保護自己，不受他人侵犯、劃定界限、威懾他人與準備衝突。

因此，「憤怒」這種情緒，並不是一種邀請他人靠近的情緒，反而是會讓對方離你遠一點，「不要隨便靠近你、侵犯你」的情緒。

問題是，在前文提到，小敏的爸爸，對於小敏放假決定要出國遊玩，卻沒有打算要回家的這個決定，是覺得相當受傷而難過的。

對小敏爸爸來說，他感覺到的，是覺得自己對女兒而言「並不重要」，這讓他感覺到自己不被女兒在乎、不被愛；這可能讓小敏爸爸感覺到受傷，甚至有些害怕。

因此，小敏爸爸在聽到這個消息時，首先感覺到的，其實是受傷而不安的情緒。

這是小敏爸爸對這件事真正的感受，我們將此稱之為「原級情緒」，也就是我們原本真實的感受。

但是，感受到受傷，因而覺得自尊受損、安全感被威脅的小敏爸爸，為了增加自己的安全感與讓自己好過一點，**他的受傷情緒轉為憤怒，使得他對小敏說著很多「應該」**，也希望藉著這樣憤怒的情緒，讓小敏按照爸爸的需求去做，以此來降低爸爸自己的焦慮。

這種情緒的轉變，被稱為是「安全感操作情緒」，是一種次級情緒的反應，也就是：當出現的原始情緒，令我們覺得焦慮、不安、脆弱或自尊受損時，我們藉由將受傷、害怕的原始情緒，轉為憤怒的次級情緒時，將使我們的焦慮降低、自尊上升，「憤怒的情緒」也會讓我們覺得：似乎可以讓事情或局面變得有控制感。

畢竟，受傷不安是一種脆弱，甚至會讓我們感覺到無能、無力的情緒；而憤怒，卻能讓我們威嚇別人、保護自己，甚至藉此給他人壓力，滿足我們的需求。

問題是：小敏爸爸，原本想達到什麼目的？

當爸爸聽到小敏的決定時，**其實爸爸想跟小敏說的真正的感受是：「爸爸其實好久沒看到你了，爸媽很想你。有空的時候，是否也可以回家呢？」**爸爸其實是期待跟小敏更靠近、更親密，有更多的相處時間，因此才希望小敏放假時能夠回家。

但是，爸爸所表現的情緒，卻是跟真實狀況相反的：會讓人有距離、想逃的「憤怒」的情緒。這不但沒辦法讓小敏瞭解爸爸其實是「很想念小敏」，反而會讓小敏想要轉身離開、想要逃跑。

而當我們「否認真實感受」，使用這種增加安全感的「反應式情緒」成為習慣，久了，連我們都會忘掉自己真實的、溫柔的感受，也忘記內心那個，希望得到溫柔的自己。

面對「討愛父母」，孩子們的傷痕

而面對這些討愛的父母，他們的孩子們，又會因而有怎樣的傷痕呢？

孩子的傷痕之一：必須要當好孩子

「老師，上次有篇文章，你提到『無條件的愛』，我哭了。我哭是因為，我覺得能被這樣愛著，真的是件很幸福的事，但是，我從來沒有過。」

坐在我對面的女孩，跟我說著這段話，她的眼眶迅速泛紅，「我更難過的是，我現在才知道，原來，這對我這麼重要。」

女孩看著我說：「我一直努力，因為爸媽讓我覺得，這是讓大家獲得幸福的唯一方式，但我現在才發現，原來沒有人得到幸福。」

在諮商室裡，甚至是諮商室外，我看到許多面對討愛父母的孩子們，已經很習慣用自己來滿足父母的需求，甚至要求自己扮演另外一個父母喜歡的角色，而慢慢忘記自己原本的模樣。

小說《無聲告白》[10]，說的就是這樣的一個故事。

書中那個早逝的少女，莉蒂亞，為了完成父母的夢想，努力扮演一個不是自己的「完美」角色，最後不堪負荷，離開人世。

[10]《無聲告白》，伍綺詩著，悅知文化，2015。

《無聲告白》的故事介紹

莉蒂亞出生在雙重種族的家庭裡。當時在美國，白人和其他種族結婚，甚至被認為是一種犯罪。

莉蒂亞的華裔父親詹姆斯，從小出生在美國，遭遇各種歧視；「華裔」的身分，就像是他的原罪，讓他永遠抬不起頭來、永遠無法真正歸屬於這塊土地。直到，他遇到了瑪芮琳，一個金髮藍眼的白人女性。

對詹姆斯而言，瑪芮琳象徵著一切他的嚮往與美好。被瑪芮琳接納，就像是被這塊排斥他已久的國家、土地接納一樣，是如此美好而不可思議。

而瑪芮琳為了愛情，犧牲了自己的夢想與未來，充滿才華的她，與詹姆斯一起共組家庭，生了三個小孩，但卻也不是沒有遺憾和後悔的。

於是，最像媽媽的莉蒂亞，就這樣承繼了兩位父母的所有遺憾，成為上天賜予，讓這對父母有機會完美自己生命的禮物：他們在莉蒂亞身上投注所有的關注、期待，還有自己覺得自己最好的部分；於是，莉蒂亞成為家中最寵、最棒的未來，甚至是「救世主」。

對自己人生的不滿與自卑，化成不安全感，讓這對父母期盼在孩子身上，找回這個「完美」與「對自己的肯定」。

這種想要完成「最美好的自己」的執念，使得這對父母將注意力都放在莉蒂亞身上；他們忘了漢娜，那家中不受注意、表現平凡的么女；而對於自己「原罪」的厭惡，使得詹姆斯永遠忽略像自己的長子小納。

詹姆斯認為小納永遠是不夠好的，而繼續把所有可期盼的美好都給了莉蒂亞。

莉蒂亞在小時候，曾面對媽媽一次因夢想出走的經驗。

那次媽媽的出走，令莉蒂亞覺得心碎。「害怕媽媽離開」成為巨大的不安，讓莉蒂亞決定要努力滿足媽媽的期望，成為媽媽想要的樣子；如果沒辦法成為，那就扮演吧！努力捨棄自己原本的模樣，用盡方法讓自己像是個天才，如此辛苦地生活著。

或許莉蒂亞的心是這樣說服著自己：「這樣，媽媽就會開心了，就會留在我們身邊了，就會繼續愛我們了。」

而小納呢？只想要趕快用盡方法，逃離這個永遠得不到肯定、關注與愛的地方。

他只想要趕快帶著破碎的自我離去，找個自己感覺安全的地方，再慢慢將它黏合、盡量復原。

雖然再怎麼樣，那破碎，或許都沒辦法恢復原來的完整。

而小小的漢娜，則是永遠都在角落，或是靜靜看著其他人，或是跟著其他人，成為小影子，等待家人的一個轉身，能夠發現她的存在。

在內心深處，他們三人或許都很想要問父母：

如果我是我自己，不如你想像的如此完美；

如果我跟你一樣，不善交際，而這偏偏是你最討厭自己的地方；

如果你希望我跟你一樣優秀，視我為你的延伸，如此可以完成你無法達到的夢想，

但實際上，我的能力與你的不同，而那能力對你而言，可能是不值一提。

如果，我能完成的是我的美好，而非你的想望與期待；

又或者，我無法讓你更接近你的夢想，或是讓你在我身上找到自己的完美。

如果，我就是做我自己，我無法完成你的夢想；

那麼，你，還會願意愛我嗎？

不管多麼受傷，很多孩子的眼睛，還是看著父母的。

而父母，究竟需要付出多大的代價，才能將眼光從自己身上，移到孩子的身上呢？

像這樣的故事，在我們的身邊其實並不少見。

這些被父母拿來滿足不安全感，被用來追尋父母的自我認同，而不停努力迎合的孩子們，帶著各種傷痕活在世界上。

他們不是沒有掙扎，他們也想要找回自己的真正樣貌；但是，如果父母總是表現出：「因為你做了什麼，所以我肯定你、稱讚你或愛你」時，很多孩子或許並沒有足夠的勇敢，能夠讓他們好好地當自己；而且，如果這些孩子還有足夠的能力，讓他們能夠成功扮演父母希望的角色……他們可能就成為了別人口中的「好孩子」。

「我從小就是個讓爸媽放心的小孩，學業成績不錯，也沒做什麼讓爸媽操心的事。選填志願時，成績考到父母希望我就讀的科系，選了父母覺得安穩、不錯的工作……

「最近，我遇到了一個我很喜歡的女孩子。外人看來，她學歷不高，工作只是個普通的上班族，可是她很努力、認真，而且很替人著想，個性很成熟，我非常喜歡她，很希望能跟她結婚，沒想到卻遭受父母嚴重的反對，甚至威脅要跟我斷絕親子關係……」

他非常沮喪地坐在沙發上，看著我，說：「我赫然發現：原來，我的一生，從來都不知道我要什麼；從來，我都是為了得到一句『你真是個聽話的好孩子』而努力；「我現在有這些成就，如爸媽所說，是他們的要求，我才有的，所以爸媽說我應該感謝他們；但是，這也是他們要的……

「我現在才發現，原來我一直都知道，如果我不按照他們的方式做，不是個『聽話的好孩子』，他們就不愛我了……」

沒有說出口的害怕，化作哽咽與眼淚，從他摀住臉的手的空隙間洩露出來，蔓延了整個諮商室。

你，也是這樣的好孩子嗎？

為了一句「你真是個好孩子」，你願意付出多少犧牲與代價？你是否願意放棄自己的尊嚴與感受，放棄坦率地表達自己，放棄自己的人生，只為了老師／父母的一句：「你真是個好孩子。」

你以為，這句話，就是你所有的肯定與快樂的根源；但回過頭後，你才發現，原來你失去了所有的快樂、尊嚴、真實的自己，只是為了換得這一句：「你真是個好孩子。」

你發現，你只能照著他們的標準做。如果不這麼做，你就不是個好孩子。你可能就會被否定，甚至不被愛，所以你只能藉由這些讚美，來確認自身的價值，確定自己還沒有不及格。

為了這句話，付出這麼大的代價，對我們而言，究竟值得，還是不值得？

「你真是個好孩子」的真義

作家黑柳徹子的作品《窗邊的小荳荳》中，提到自己原本是被所有學校拒絕的小孩，後來轉到新的小學後，每次校長遇到她，都對她說：「你真是個好孩子。」

黑柳徹子回憶，自己在小學時，總是會做出一些出人意表的行為，以當時大人的標準來看，自己實在稱不上是好孩子，但是每次校長看到她，還是這麼說。

而這句話，也影響了她一生，讓她擁有自信，即使遇到挫折，仍能穩當地走在自己人生的路上。

對於那位校長而言，說出「你真是個好孩子」，或許並不是因為小荳荳是個做出多少符合規定、外在成就、是個被外界認可的「優秀小孩」；而是在校長心裡，小荳荳有自己的優點。她自身的價值，不需要任何理由，「就是個好孩子」。

不需要做到什麼，不需要完全按照大人的標準與規則去聽話，不需要用自己來滿足大人的成就感與不安全感，不需要付出代價、用自己來讓人人幸福……即使你仍會讓大人感到煩惱。

事實上，只要你是你自己，你自身擁有的價值，就值得校長說出這句**「你真是個好孩子」——這也是：「我接受全部的你」的意思**。

我想，這才是這句話最美的樣子。

對於每個孩子而言，或許都追求著這種被無條件的愛、接納與理解的感覺；當我們沒有機會獲得這樣的愛時，我們抱著痛，假裝自己並不在意，成為一個藏起深刻傷痕的大人。

孩子的傷痕之二：忽略自己的感受

「我小時候曾經溺水過……差點淹死，結果被救上來之後，我媽媽向我衝來，劈頭就打了我一巴掌，說我自己一點都不小心，怎麼這麼可惡，這麼對不起父母……哈哈哈哈哈哈……」

看著這樣的笑容，我笑不出來，總覺得心痛。

在工作中，我時常遇到這樣的例子。許多人在描述自己的童年經驗時，明明是很可怕、很恐懼或很受傷的事情，他們會用很輕鬆愉快，甚至像講別人事情的方式，描述整件事情，還會出現一些不符合真實情緒的反應：面無表情，或是哈哈大笑。

他們感覺不到自己真實的情緒，會把「還好吧」、「有那麼嚴重嗎」，時常掛在嘴邊。而我也發現，這是許多「討愛父母」的孩子，他們的共通點：忽略自己的感受。甚至，讓自己沒有感覺。

在討論「討愛父母」的徵兆時，談到「這些父母很容易忽略自己的感受，所以也會忽略孩子的感受」；尤其是，當父母不知道怎麼處理孩子的感受時，可能會用很大的憤怒、責備來因應、「阻止」，甚至企圖「轉換」孩子的負面情緒。

例如：

「你還哭，再哭，我就打你！」
「這有什麼好哭的，你是男孩子，這樣很丟臉。」
「我不懂你為什麼這麼敏感。」
「你這麼玻璃心，以後出社會，怎麼辦？」
……

這些話，或許都是這些父母曾被說過，或曾對自己說過的話，但在他們面對孩子的情緒，不知道怎麼處理而焦慮不安時，他們就可能會用這種「自己聽得最熟的」、反射動作的語言，讓自己面對孩子的情緒能夠「有控制感」而好過一點。

但這些話，卻成為了孩子的傷痕。

孩子努力活在別人覺得「對的生活」中

孩子聽到這些話，自己的認知是：「**我的感覺是不重要的、是不被在乎的。**」

當孩子開始有這樣的想法之後，就會開始練習隱藏、隔絕自己的情緒。

因為，情緒與感受，在成長的過程是不被允許的，甚至是會被責備、被認為不好的；

因此，這些孩子會開始努力保護自己，讓自己「沒有感受」，甚至讓自己「感受不到情緒」。

尤其是，如果這些孩子生長的家庭，有些討愛父母會用很難聽、羞辱性的語言對孩子說話；為了保護破碎的自尊，讓自己受傷不再這麼痛，這些孩子就會練習「關掉感覺」，甚至讓自己可以用「笑」或是「開玩笑」的方式來面對情緒，來讓自己好過一點。

因為，這是他們能想到，最能保護自己的方式。

最後，連自己都不知道自己的感覺是什麼。不知道自己喜歡什麼、討厭什麼；夢想是什麼、想要的是什麼；這些孩子生活的準則，可能是他人的標準、社會的主流價值……於是，自己努力活在別人覺得「對的生活」中，但卻隱隱覺得，這不是我的生活。

然後，慢慢地，失去了自己生命的意義，即使他人看自己似乎光鮮亮麗，但**他們卻不知道，自己活在這個世界是為了什麼……**

這是一件很讓人心痛的事情。

孩子的傷痕之三：無法做決定／負責任

在成長的過程中，這些討愛父母的孩子們，因為面對父母的許多自我懷疑、焦慮與不安，因而對自己沒有信心，有些孩子可能會決定當個聽話的孩子，開始讓父母幫自己決定事情，按照父母的方式去做；如此，不但可以取悅父母，還可以減少衝突。

尤其是，當孩子們習慣忽略自己的感受時，就可能無法分辨：「自己到底喜歡什麼，要什麼」。

無法接觸到自己感受、瞭解自己喜好的孩子，更會以「情緒焦慮度」來做選擇。例如：「如果我不做這件事情，這個人會很生氣，那我就先做這件事。」因此，他們沒辦法用自己的喜好或是直覺判斷力，來判斷：這件事是重要的、是我想要的。反而，**他們會用焦慮與害怕，作為選擇的依據，然後誤以為這是他們「想要的」**。

而台灣的文化，更是加深了這個現象。

台灣主流的傳統父母權威和整個教育體制的方式，為了大人的管教方便，大多希望教養出一個聽話、順從權威、不要太有自己的想法，以免違逆權威的小孩。

所以當孩子有夢想、有自己的想法，而這想法與一般社會期待的所謂「安穩、有錢途的工作」有所違背時，有些父母與師長會用一些言語，讓你打退堂鼓，例如：「你太天真了、想得太少了、自以為是、你以為你有能力嗎、你要怎麼養活自己、我吃的鹽比你吃的米還多……」

在這過程中，孩子不被鼓勵自我決定、該有自己的想法，「聽話、用功念書」才是最安全的模式。

問題是，到要踏入社會、要進入職場前，赫然發現當初父母與師長的建議，都不是未來的保證；瞬息萬變的社會，每過了幾年，職場與社會的生態都不一樣；已經沒有任何一個工作，是去念書、去做就「保障」可以有無虞的未來。

而父母的保證已經不再有效時，**很多被剝奪「決定能力」的孩子，在長久「聽話」的訓練下，失去自信、失去判斷力，失去了相信自己決定、執行並且負責的能力**；當帶領者不再可靠，即使想要靠自己，卻發現該有的、自己做決定並負責的能力，已經消失殆盡。

於是，在文化與父母的「教育」下，有些孩子，帶著不信任自己的傷痕，仍然無法自己做決定，或是為自己的決定負責任。

接著，他們可能選擇繼續聽話，走著父母為他們安排的道路；或是，不停變換著選擇，但又在放棄選擇中失去自信。

在生涯選擇的路上，徘徊而猶疑不定，對自己的「一事無成」，感覺到痛苦而憂鬱。

孩子的傷痕之四：情緒界限模糊

小文很討厭對母親煩躁的自己。

最近，因為工作的關係，為避免舟車勞頓，小文搬離了住了二十幾年的家。她搬到離公司步程十分鐘的地方，賃屋而居。

小文知道和自己相依為命的母親一定會很不習慣，因此每週末都會希望自己能夠回家一趟，陪媽媽吃飯、聊聊天。

每次回家，媽媽都非常開心地準備很多小文愛吃的東西，而隨著時間越晚，越接近小文要離開的時間，媽媽就會開始長吁短嘆，有時可能會說：「唉，養兒女有什麼用，對他們再好，都還是會丟下你。」

有時甚至，媽媽什麼都不說，只是突然看著空蕩蕩的房子，嘆了一口氣。

那時候，小文都會感覺非常不好。

於是，她發現她越來越容易對媽媽煩躁，尤其是當媽媽表現出落寞或悵然的時候，自己可能會因煩躁而對媽媽口氣不好。

小文其實很不喜歡自己這樣。

她知道媽媽很不適應自己一個人的生活，對於孤獨的媽媽，她也覺得很捨不得；但不知道為什麼，自己總沒辦法好好安慰她，而只能煩躁或生氣。

當自己煩躁、生氣地面對媽媽時，媽媽也總是會受傷。看到媽媽受傷的表情，小文覺得自己好糟糕……

許多面對討愛父母的孩子們，時常有這樣的困擾：當父母、家人有情緒時，特別會讓他們受不了。尤其是，當對方沮喪或憂鬱時，你發現即使你想安慰他，卻心有餘而力不足，只是感覺到很強的煩躁感，或是希望他「趕快好起來」。

如果你也有這樣的困擾，**請先停下來，問問你自己：「我是不是替他人的情緒負責任了**

呢？」

你是否覺得這個人現在情緒不好，是你的「責任」；或是，你有「責任／義務」，讓他的心情「好起來」？

以小文為例，對於離家自己住，小文對媽媽有很深的罪惡感；因此，當媽媽心情不好、覺得落寞時，小文覺得自己是有責任的，因為是自己搬出去住，造成媽媽心情不好。

但是，小文也知道，自己搬出去住，是自己很重要的「需求」，可是面對看到媽媽時，自己情緒的罪惡感，有時會覺得無法招架，甚至覺得「自己不好」：自己是不是太自私了？

因此，如同前文我提到「討愛父母的情緒界限模糊」一般，這些心裡受傷的孩子們，與他們的父母一樣，**為了抵擋這個「感覺自己不好」的情緒，便把這種「因對方情緒使得我們感覺自己不好」的情緒投射到對方身上，而變成「生這個人的氣」**，因為「誰叫他們讓我們感覺不好」。

因為，面對他的情緒，總讓我覺得我沒做好、總讓我覺得挫折；因此，我覺得「生氣」，而從「生自己的氣」，變成「生對方的氣」。

會有這種情緒，與自己和對方沒有清楚的「情緒界限」很有關係。

但很多時候，如果在我們的成長經驗中，我們與父母的界限是模糊的，我們沒有機會經驗到：「原來我是可以不必為了他人的情緒負責」時，我們就**可能會養成「為親密他人情緒負責，也要親密他人為我的情緒負責」的「習慣」**。

因為，在我們與父母過去的經驗中，我們都以為：唯有這樣互相為對方的情緒負責，才代表著我們是在意對方的、是關係親近的、是「不自私」的、是被重視的……我們從來沒有經驗過，清楚的情緒界限，依舊能夠有深厚的情感，甚至，情感因而更能交流，彼此更能互相理解的經驗。

而當我們有「為他們情緒負責」這樣的習慣，我們就容易「受不了」身邊重要他人的情緒低潮。

很多時候，我們可能有能力可以安慰一個素昧平生的陌生人或普通朋友，但面對很親近的朋友、家人、伴侶等，卻反而容易煩躁或不耐煩，**有時甚至只能用很「大聲」的口氣，希望他們趕快「好起來」**。

而對方就會因此受傷。

面對他們的受傷，我們更覺得有罪惡感，反而更為煩躁。

因此，如果我們覺得，「他們的情緒是因我們而起，甚至我們有義務要讓他的感覺好一些，不然就是我們不夠好」，我們很容易因為這種「過度承擔他人情緒責任」的習慣，而覺得有壓力、煩躁，甚至生氣。

而這樣的習慣，可能不只在我們與父母間，也可能會影響到我們的親密關係。

孩子的傷痕之五：模仿父母的樣子，對待親密他人

我曾經看過一個狀況：一對情侶走著，女生年紀大概二、三十歲，男生年紀比較大。女生一邊很難過，一邊說著什麼，沒想到男生突然很大聲地吼：「你給我閉嘴啦！」

當場所有人都轉過頭去看。

女生哭了出來，但又不敢哭出聲音。她委屈地站在一旁，看著那個男生。

過沒多久，公車來了。男生立刻上車，女生含淚，跟隨男生上車。

那一幕，讓我印象非常深刻。

在台灣，傳統上很多男生被教育成：不准哭，應該要忍耐自己的情緒；體諒別人或是體貼別人的感受，「是娘砲的行為」。

男生可以憤怒、可以大聲，所以，男生大聲地吼女生「閉嘴」，是沒關係的。此時，女生就會懾於暴力或覺得丟臉，因此安靜、閉嘴。男生的目的也達到了，心裡說不定想著：「哼哼，就是欠罵。」完全符合社會價值：男生站在比較高的權力位置，對著女生大小聲，是可以的。

但有些女生可能不會因此安靜，可能會與男生對罵起來，或情緒一來，覺得委屈而不管場合哭鬧，而男生可能因此吼得更大聲，或是轉頭離開。

這種處理方式，有沒有覺得很熟悉？像不像我們在路上，看到小孩大哭，氣得大罵小孩或轉身離去的父母？

這種互動模式，我們時常會在討愛父母與孩子之間看到；甚至，這些長大成人的孩子與他們的親密伴侶或他們的孩子間，可能還會繼續複製這樣的互動。

因為，**很多討愛父母的孩子們，非常習慣父母所使用的那一套「貶抑有情緒的自己」的方式**。在久而久之、耳濡目染之下，這些孩子們，雖然曾因為被這樣對待而受傷，但學會用「隔絕情緒」的方式應對，自己開始沒有感覺，也不會痛了。

不過，在面對親密他人的負面情緒時，這些孩子，可能會忍不住用他們最熟悉的方式：生氣，或是大吼大叫的方式，想要「制止」、「糾正」對方的情緒。

尤其，這些孩子在面對親密伴侶的情緒時，會和他們的父母一樣，覺得害怕、不自在，甚至會有種「自己什麼都不能做」的無能感，而「展現憤怒」，可以讓他們覺得有控制感、有力，更重要的是：

他們以前學到，面對他人的負面情緒，不是去理解對方發生什麼事，而是要用「憤怒」，來「制止」、「抑制」這種負面情緒出現。

對這些孩子而言，對方出現這種負面情緒，是他們不好；而且，這個負面情緒會「造成我們的困擾」，所以我們應該要對對方生氣、大聲吼叫，直到他們改變他們的情緒狀態為止。

很多時候，我們想要擺脫父母的影響，卻又不自覺地使用最熟悉的互動模式，套用在身邊的人際關係上，尤其是親密關係。然後，我們繼續說著和父母一樣的話：「真的很難溝通耶，都聽不懂，真任性／不懂事。」

對方真的任性嗎？我們有沒有能力，好好靜下心來，直接面對對方的攻擊反應，去體會、理解、回應對方的害怕，並且清楚表達我們的需求？如果只是用「大聲」、「脅迫」的方式，真的能夠讓對方比較不難過／不害怕／不哭，還是適得其反？

當這個互動模式開始被複製時，我們使用著父母對待我們，而我們並不喜歡（甚至覺得痛苦）的方式，繼續去對待那些，我們所愛的人。而就算對方真的因此而安靜、不哭，但心裡已有些東西會慢慢死掉：那些我們所愛的人，都因此學到了一件事——

「我的感受，是沒有人在乎的，是不重要的。」

這是件多令人難過的事。

Key Point

如果，你是缺愛的「父母們」

問問自己：我真正的恐懼是什麼，改變你的情緒模式

很多時候，促使我們行動的，並非我們的思考，而是我們的不安全感。這些不安全感一湧上來，很容易就讓我們感覺到恐懼、害怕，因此會讓我們習慣性地希望控制一些事情。

如果，你已經發現，這些不安全感有可能會影響、控制你的抉擇、生活，影響你跟孩子與他人的關係時，我想邀請你，練習以下的步驟：

找出會讓你「有劇烈情緒」的事情，並寫下來

什麼事情很容易引發你的情緒？是當你的孩子不按照你的方式去做？或是當他拒絕你，或是沒有猜到你的需求？當他有自己的想法或生活，卻不讓你參與的時候……

找出在你們互動中，那些總是會引發你的情緒的事件：那些會讓你哀傷、焦慮，甚至勃然大怒的事件。

然後，試著寫下來。

問問自己：為什麼我會因而這麼生氣／難過／焦慮

寫下這些事件後，請試著沒有批判、評價地問問自己：「為什麼我會為了這件事情如此生氣，我最在乎的到底是什麼？」**試著去意識：自己表現的情緒背後，是不是還有一個「真正的、被隱藏的情緒」，也就是你的「原級情緒」在裡面。**

例如，每次當孩子說要跟朋友出門時，你總是會因而生氣。請你寫下事件，試著問問自己：「我為什麼這麼生氣？孩子大了，有自己的交友圈，似乎也是件正常的事情，我並不是個這麼不講理的人，但我就是覺得生氣，為什麼？」

當你試著這樣問自己時，或許你會發現：自己生氣的情緒背後，似乎是有點感覺到自己被孩子丟下了，好像你比孩子的朋友「不重要」一樣。這個「我不重要」的感覺，讓你覺得受傷，所以你出現了生氣的情緒，掩飾、保護了你的受傷。

一開始進行這個「自我覺察」的工作，並不容易。

有的時候，因為你的「保護罩」太堅固了，可能會使得你很難碰觸到自己真正的情緒。建議在剛開始進行這個步驟時，如果發現真的有些困難，可以找身邊的人討論，也可以尋求心理師的協助，幫助你慢慢撥開自己的保護罩。

改變因應的方式

當你覺察到自己真正的情緒時，面對同樣的事件再發生，你的「習慣」，可能會讓你習慣用來保護自己的「次級情緒」，例如生氣，如反射動作般地出現，再次影響、傷害你與親密他人之間的關係。因此，我想要建議你這麼做：

意識到自己面對這類事情的「習慣性反射動作」是什麼。

■ 遇到這類事件前，先深呼吸，讓自己「停一下」，不要馬上反應。

當你遇到這類事件，練習「停一下」或「深呼吸」，讓自己不再馬上用「反射動作」的「反應式情緒」因應。

這代表你的大腦有機會可以判斷與思考，而你之前對自己的覺察，就有機會跑進你的腦袋，成為你的判斷資訊之一。如此，你就有機會選擇其他的方式，去因應這類的事件。

例如，當你知道，每次遇到孩子與朋友出去，你都會生氣，而這生氣的背後，其實是你很擔心你對孩子而言「不重要」。**下次遇到這件事，你深呼吸、停一下，可能就會讓你想到：「孩子大了，有自己的生活圈是正常的」**，這就有可能讓你不會又用「生氣的態度」，面對孩子出門的這件事。

當你開始有這樣的改變，你發現面對同樣的事情，你有機會做出不一樣的選擇時，這也會讓你對自己感覺好一些，自然，你的「習慣性反射動作」，就減少了一次被練習的機會，它們也就更有機會不再如此固著，而是你可以有意識地選擇「它」出現與否；當然，也更有機會改善你與孩子的關係。

練習重視，並表達自己的感受

或許，在你過去的經驗中，你很少有「感覺自己的感受，並且表達」的習慣；可能當你在表達自己的需求時，都是用一個「你應該要替父母想一想」或是「應該要孝順、多待在家裡陪父母」的方式。

但如果你想要與孩子有不同的互動模式，那麼，練習說出你真正的感受，讓孩子清楚你的需要是什麼。

例如：當孩子時常提到朋友、與朋友出去，這會**讓你擔心：「我對孩子來說，是不是並不重要呢？」這份焦慮，可能會讓你對孩子發脾氣，或是對孩子挑剔**。

用不同的方式與孩子相處：練習把你的真實感受與需求說出來。

練習對孩子說：「我知道你有自己的交友圈，不過，有時候你長大得太快，爸爸媽媽會覺得有點不習慣……爸爸媽媽也很希望有時間能跟你多點相處機會，你願意有時也跟爸媽一起約會嗎？」

把你真正的需求說出來，不帶有指責、批評，而是你真實的感受與需求。

當你試著這麼說時，對方才能真正理解你想要的是什麼，也才有機會回應你的感受與需要。

而，當他們能夠知道你的感受時，你們的關係，也才有更靠近的機會。

練習相信：「自己是值得被愛的」

或許，當你看到前面舉的例子時，會覺得：「要這樣跟孩子講話，好彆扭，而且如果被拒絕，怎麼辦？」

我想要提醒你：孩子拒絕你，可能是因為他暫時無法習慣這樣的你。過去，他曾經受過傷，因此想保護自己，想觀察你看看；也有可能，他真的有一些困難，所以拒絕你。

請你練習理解：對方拒絕我，很多時候不一定跟我有關，而可能是因為他有困難。

練習相信：我是有價值的、是值得被愛的。

練習看到：過去，孩子面對你的需求時，是如何努力做到，而這些行為，除了因為他們「怕你」，一定也有「愛你」的成分。不論如何，你對孩子是重要的，否則他不會勉強自己去做你想要他做的事情。

練習去相信自己是被愛的，也練習因為這樣的信任，讓你能夠給孩子一些空間，讓孩子不需要愛你愛得那麼辛苦，總是要有各種證明與表現。

唯有你相信自己值得被愛，你內心那個「渴望愛的黑洞」，才有機會能夠被填滿。

把自己變成一個自己也會喜歡的人

有的時候，或許你也不喜歡生氣、一直跟孩子要求，而又常常覺得不滿的自己。那麼，把自己變成自己也會喜歡的人吧！學習各種事物、認識更多的人，用你喜愛的事物填滿、豐富你的人生。

當你能夠多花點時間照顧、愛你自己，你內心的不安全感、恐懼與愛的黑洞能被填滿時，你才有力氣能夠看到：孩子原來也有自己的需求，你也才真能理解：「原來他沒辦法滿足我，不是因為不愛我，只是因為他做不到，他也需要滿足自己的需求。」

如此，當你能把自己照顧好；看到孩子的需要時，你才有辦法不再一直索討愛，才能夠有安全感的給予別人你的愛與照顧，然後，不非得要乞求回報。

因為，這時的你才能理解：

我願意為你做這些，不是要你愛我，而是因為我愛你。

將孩子當成獨立的個體，尊重並建立界限

當你能夠理解、表達自己的感受與需求，並且有能力理解、尊重孩子的感受與需求時，你才真的能夠把孩子當成一個獨立的個體：他生存在這世界上，不是為了滿足你、我，而是為了成就他自己。

因此，他可以有自己的選擇、可以做自己的決定；他沒辦法完全按照我們的想法去做，也不一定想要我們為他安排的人生。因為，他和我一樣，是一個獨立的人、有獨立的思考與判斷，有自己的感受與喜好。

而我們身為他們的父母，能夠為他們做的，最好的事，莫過於：

我們願意幫助、祝福他們，讓孩子能夠過著，他自己選擇的人生。

我們願意安撫自己的焦慮不安，願意為他們抵擋那些，當他們的選擇與社會主流不同時，這個社會有時會出現的不友善；以及，我們願意成為他們心裡的支柱與避風港：

即使我不見得認同你的決定，但我仍然尊重；不論發生什麼事，我總是都在你的身邊。

我想，這是身為一個孩子，最幸福的事情了吧。

Key Point

如果，你是受傷的「孩子們」

相信自己夠好

如果，你曾經在成長經驗中，面對著許多否定與期待；也為了追求「好孩子」的認同，因而遍體鱗傷，甚至失去感覺；那麼，**請開始練習跟自己說：**

「現在的我，就是夠好的」。

當你看到這句話，或許會擔心：「可是，我不夠好啊~我怎麼知道自己夠好？而且，這樣難道不會對自己太好嗎？以後我都不進步了，怎麼辦？」

我想請你感受：當你被挑剔、被否定的時候，你是否喜歡這種感覺？而你，為什麼需要用你不喜歡父母對待自己的方式，來對待自己呢？

如果你已經意識到，你不喜歡被這樣對待；那麼，請你不要用同樣的方式來傷害自己。

請疼惜這樣的自己。練習跟一直以來都很努力，努力滿足他人需求的自己說：

「你真的一直很努力，我相信你夠好。」

練習肯定這樣的自己吧！

重視並表達自己的感受

在成長的經驗中，可能你因為表達自己的情緒，擁有感受而被責罰、受傷，因此你害怕表達自己的感受，害怕自己會因而被責罵、被認為是軟弱糟糕的。

但是，擁有感受的你，代表著你有感受這個世界的能力；這些感受，幫助我們適應環境，也幫助我們，對自己、對世界有更深的認識；有了感受，我們才能理解：自己活在這個世界是有意義的；而，我們也才有能力，去理解他人的感受。

因此，練習重視、表達自己的感受吧！請練習相信，這個世界並不是只有你的父母；而當你能夠對他人、對父母表達自己的感受時，別人才有機會更理解你，而你也才有機會，能夠建立更深、更親密的關係。

於是，我們才不會覺得：身在這個世界裡，我感覺到十分的寂寞、孤獨，不被理解……當我們練習對他人表達感受，雖然有可能不被理解，但也有被理解的可能，而那些被理解的瞬間，正是我們人生中最珍貴的寶物。

「活著，被在乎、被理解、被接納，原來，是這麼好的事情。」

我們也才有機會感受到這一點。

練習「信任自己」，不要怕犯錯

當我們在成長的過程，時常被否定、被挑剔時，我們很難對自己產生信心，甚至會過度「完美主義」，害怕犯錯，覺得「犯錯的自己，是糟糕的」；因此，我們可能會在許多的抉擇上，猶豫不決、難以做決定，也難以為自己的決定負責。

請練習「信任你自己」。

那些否定的聲音，是過往父母給予你的；是你不喜歡，卻又根深柢固、「內化」的聲音。

既然這些聲音不是你的，你也不喜歡，請你將這些聲音「還給你的父母」。

練習問問自己：

「我真的不能犯錯嗎？犯錯或失敗，又會怎樣？」

或許你會發現：那些內心的恐懼與害怕，其實是無形而模糊的；真的犯錯或失敗了，你必然會在其中學到經驗，而，經驗能成為下次挑戰的墊腳石。

當你能夠「成為自己的夥伴」，對自己有這樣的信心時；你將會不這麼害怕「做決定」：因為你知道，這個決定，是你可以負責的；就算失敗了，你也會學到一些經驗，成為你日後成功的資源。

而你，也才能不再被那些「模糊的恐懼」與「習慣性的否定語言」綑綁，開始做出你自己的人生選擇。

這正是**我們「長大成人」的證明**。

建立情緒界限

面對父母的情緒時，或許你總是充滿罪惡感，或是很容易被他們的情緒所影響。請記得提醒自己：「他的情緒，是他的責任，不是我的。」

這樣的思考，並非冷血無情；而是，**當對方的情緒不是你的責任時，你才有能力與力氣**，

試著去理解對方的感受。

如同前面提到小文的離家，媽媽因為很在乎小文，因此會覺得落寞而難過，有時可能也會因而埋怨小文兩句。如果小文一直抱著罪惡感，覺得媽媽這樣「都是因為自己」，那麼小文就會很容易感覺到煩躁、焦慮。

這時，請試著告訴自己：「我的離家，媽媽的確因為這件事情而落寞，但這個情緒調適的責任，是在媽媽，而不是我要負責的。」

這並不代表我們自私的不管他人的情緒；而是，面對同一件事情，每一個人產生的因應情緒都是不同的。**自我需要去負責自己產生情緒的因應與調適策略**，而這並非他人能夠承擔的責任。

但是，當這是我們的「重要他人」時，我們願意去接納、理解他們的情緒。

如果小文能夠放下自己對媽媽情緒的責任，或許小文就有力氣、能試著瞭解：「我對媽媽是很重要的，所以我的離家，當然會讓媽媽覺得失望。這的確是媽媽需要調適的感受，所以這不是我的錯；但是，我可以多瞭解媽媽一點，也試著表達讓她知道，她並沒有失去我。」

當我們抱著罪惡感或責任感，是很難做到這種「真正情感的理解與表達」。因為光面對我們內心罪惡感，甚至羞愧感的啃噬，我們就已經左支右絀、不知所措了；因此，我們只能用煩躁、生氣等方式來「保護」自己，不讓自己感覺更糟，覺得自己不好。

如此，我們怎麼還能有力氣去理解別人，甚至有勇氣，將自己最珍貴，卻也最脆弱的情緒表達出來呢？

這正是關係中最重要，也最美好的部分，只是，它時常藏在我們的防衛之後，沒有被我們最重要的人知道。

這真的非常可惜。

試著將情緒責任還給對方，練習純粹的理解對方，表達自己；這並不容易，但卻是身為一個人，所能擁有的最美好時刻之一。

也是，身為人，在關係中，才能擁有的幸福。

練習覺察：是否在其他關係中，複製了和父母互動的相同模式？

注意自己在與其他關係或親密他人互動中，是否重複了與父母互動的相同模式？例如，當你的伴侶、孩子對你有所要求時，你時常覺得不耐煩，甚至生氣；但情緒過後，你可能又因而覺得有罪惡感。

如果你發現你有這樣的情況，想要改善這樣的狀況時，請你練習下面的幾個步驟：

問問自己：為什麼我覺得生氣、不耐煩？

將會讓你生氣、不耐煩的情況寫下來。

問問自己，真正在意的部分是什麼，為什麼會因而覺得生氣、不耐煩。

當你書寫時，或許你會發現：「我會覺得生氣、不耐煩，是因為我擔心對方的需求，我做不到，他可能會因而有所抱怨，而我需要安撫，所以我覺得不耐煩。」

提醒自己：這是他的情緒，不是我的

如果你發現，你時常是因為覺得「我讓別人失望時，我需要安撫別人的情緒」而覺得不

耐時，請你練習提醒自己：「我會拒絕別人，是因為我有困難。他可能會失望，可是他不一定需要我安撫；就算他需要，他的情緒也不是我的責任，我沒有非得要安撫的必要。」並且提醒自己：「他不一定真的需要我安慰他，他才可以好過一點。」

當我們能夠與對方建立情緒界限，分辨是否「是我習慣性地會去承擔、回應他人的情緒責任與需求，而並非對方要求」時，我們才有機會減低對對方的生氣與不耐煩。

如此，我們才有機會好好地聽懂他人的表達，瞭解他並不是在抱怨，或是要求我「非得這麼做」，而是因為他有些不安、有些需要；那麼，我們也才有能力回應他人的需求，能夠說出自己的困難，或是說出自己的需要。

例如，吉卜力動畫《崖上的波妞》中有一段，正是一個最佳的範例：

因為淹水很嚴重，理紗（宗介的媽媽）要帶補給品去山上的老人院。理紗正在忙碌時，宗介在旁邊一直說他要跟著去。

如果是台灣的戲劇，多半是父母就大聲責備：「我現在在忙，你不要吵！」或是「你不要任性了，耽誤我做正事。」又或是另一種討好、安撫的方式：「你乖，我等一下就回來了。」然後，繼續忙自己手中的事情。

但理紗不是這麼做。

她停下手邊的事情，蹲下來看著宗介，她先理解了宗介的心情：宗介一個人會感到不安，而且害怕離開媽媽。

瞭解宗介的心情後，理紗做了兩個處理：

清楚表達自己的需求：

「我很需要做現在這件事情，而我也很需要你留下來，因為現在只剩這裡，會有其他人、爸爸被燈光引領回來，要請宗介做的這件事很重要，可以給我力量。宗介，你願意幫媽媽嗎？」

回應孩子想一起去的根本原因——「不想分開的害怕」：

「宗介，你放心，我一定會回來的。」最後再加上一句必殺技：「我最喜歡宗介了（大抱）。」

理紗瞭解宗介的哭鬧不是任性，而是不安，所以她直接回應他的不安，給宗介能夠安心的話語護身符。

這段互動不但可以用在父母與孩子身上，也可以套用在親密伴侶身上。

練習瞭解自己的感受／需求為何，去除防衛，直接向別人表達出自己的真實感受，是一件非常重要的事，能幫助我們與別人認識真正的自己；而表現出真實的自己，有助於我們增進人際與親密關係，讓我們得到真正的自信。

而當我們能夠理解、表達自己的需求後，或許我們才能夠瞭解對方的感受與需求，也才會提醒自己：對方與我的父母不同。

我們終於瞭解：伴侶表達情緒與需求，是因為他們覺得不安或需要，而並非要「折騰」、「折磨」、「找我們麻煩」或是「讓我們對自己感覺不好」時，或許我們才能好好地回應，而非總帶著防衛或憤怒。

那麼，真實的自己才有機會互相靠近，而才能建立更親密的關係。

Part III

請允許自己脆弱

——修復最重要的你自己

不安全感怎麼影響我自己？

壹、過度在意他人評價的不安全感：關於自我懷疑

他們這麼對我，是我的問題嗎？

小琳很討厭家族聚會。

家族聚會時，總會有一堆親戚聚在一起，對他們這些小輩評頭論足。

小琳特別討厭大阿姨和姨丈。當他們看到小琳，總是可以挑出一堆毛病，包含：不會打扮、太胖、太醜、工作的公司不夠大、錢賺得不夠多、不夠聰明、嘴巴不夠甜……

小琳雖然不喜歡他們的批評，但長期下來，小琳也忍不住開始懷疑自己，是不是真的很醜、很糟糕？「否則他們怎麼會這樣說我呢？」

最後，小琳對自己越來越沒自信，也越來越討厭鏡中的自己。

●●●

小瑋覺得現在的工作，讓自己壓力很大。

老闆常常有意無意地貶損他，小至桌子太亂，大至工作沒達到老闆的標準。

老闆會對他說：「你怎麼連這個都不會？不是都已經工作好幾年了嗎？」如果自己露出一些表情，老闆就會說：「你們這代也太草莓了吧，連說都不能說、教都不能教？」……

最後，小瑋發現，甚至連自己上班的穿著打扮、自己帶便當或吃外食……不論自己做任何事，都會成為老闆批評他或貶損他的材料，好像任何事情，都是老闆用來證明他「不夠好」的線索。

在這過程中，小瑋感覺越來越糟糕。

他開始時常懷疑工作的意義，甚至懷疑自己存在於這個世界上的意義……

妮妮跟男友的關係狀況非常差。

男友時常會用輕蔑、無情的態度對待妮妮，甚至大聲咆哮、罵她髒話、叫她滾開。

面對男友無情的嘲弄、辱罵與動輒對她暴怒的情緒，妮妮覺得自己好糟糕，好像是自己很差勁，才會招致男友如此的對待。

男友辱罵她時，甚至會讓妮妮覺得：「會讓他這麼生氣，都是我的錯！」

生活在關係中，我們很在乎別人對我們的看法、對我們的態度，尤其，當我們對自己沒有足夠的信心、「不相信自己夠好」時，我們就容易覺得不安，更想知道「別人是怎麼看我的」，也就更在意他人的評價；因此，當面對別人的負面態度時，我們就可能受困於這個想法中：「他會這麼對我，是不是我的問題？」

「如果不是我糟糕，為什麼他會這麼對我？會讓他這麼對我。我想，一定是因為我很糟糕吧……」或許，你的內心如此想著。

但實際上，「**你以為的，不是你以為**」。你的不安全感，讓你以為，你會被這麼對待，是因為你自己的問題；你以為，是因為你不夠好，所以他這麼對你；你以為，如果你達到他的標準、滿足他的需求，他就會用你想要的方式對你。

於是，你很努力地想要達到對方的標準、要求，以獲得「被肯定的感覺」，希望讓自己「自我感覺好一點」，想要重新建立自己的安全感。

在這過程中，**可怕的是，我們可能會誤用對方對待我的方式，評斷自己的價值**；也就是說：當別人用什麼方式對待我們，我們會以為自己就是這個樣子。

當對方用尊重、欣賞的方式對我們，我們會認為自己是值得被尊重、被欣賞的人；但如果對方時常用羞辱、傷害，甚至「非人」的方式對待我們，我們就會感覺被這麼對待的自己「很糟糕」。慢慢地，我們會覺得是自己不好，應該被這麼對待，而不是這麼對待我們的人的錯。

這是所謂的「鏡中自我」理論[11]。人們透過他人對待我們的方式，因而形成「自我概念」。

這種方式，常被使用在一些「洗腦」組織或犯罪行為中。藉由使用貶低、責備的語言，羞辱受害者，讓受害者感覺自己很糟糕後，再傳達組織或犯罪者的理念，藉此控制受害者的身心。

為什麼這樣的「洗腦」可以成功？因為，當我們相信：「我們會被如此虐待、傷害，是因為我們真的很糟糕，而不是對方的錯」時，我們會極度不安，恐懼與自我厭惡的情緒，會讓人失去自我肯定的能力，會讓我們寧願相信對方的評價與準則；然後，我們就會用對方的方式做事、滿足對方的需求，因為如此，我們才可以從對方身上獲得一點點的「肯定」，藉此讓我們的自我感覺良好一些，重新獲得安全感。

如此，我們才能繼續生存下去。

但事實上，身處在一個主觀的世界中，你所認識的每個人，他們都會用他們自己獨特的方式去理解你、對待你。

別人會怎麼對待你，取決於他們是怎樣的人

別人對待你的方式，取決於他們自己是怎樣的人，而並非因為你是怎樣的人。

也就是說，他們會如此對待你，很可能不是因為你很糟糕，而是因為**他們習慣用糟糕、貶抑、不尊重他人的方式對待別人**。

所以，你發現有些人對你很和善，但有些人對你說話很尖銳；有些人很愛跟你比較，但有些人很願意幫助你。

每個人對待你的方式不盡相同，而「他」會如此對待你，取決於他與人的相處模式，以及他自己對待他人的方式。

[11]《人類本性與社會秩序》，查爾斯．霍頓．庫利著，包凡一、王湲譯，桂冠，1994。

Key Point

到底是不是我的問題？

如果你並不確定，「自己被這麼對待，是否是自己的問題」時，我想邀請你觀察以下兩點：

■除了這個人之外，是否也有別人會用這麼糟糕的態度對你？

例如，小環的父親時常會對小環說：「你胖得跟豬一樣！」而且會對小環說出許多人身攻擊的話語。但小環發現，除了父親之外，身邊可能沒有什麼人會這樣對自己說話、攻擊或批評自己。

如果是這樣，那小環需要注意：如果在我身邊的人，只有這個人這樣對我，那真的是我的問題嗎？還是他的狀況呢？

當然，如果今天，你發現你身邊的人都會很害怕你，或覺得跟你在一起壓力很大，或是你發現你很容易重複相同的人際互動模式等，那麼，或許我們就可以重新思考：是否我跟他人互動的方式，有什麼狀況，才會使這樣的情況一再發生？

這個對你「不好」、時常「評價」你的人，他是否也會對別人做同樣的行為？是否也有人被他這種行為傷害過？

如果，你的答案是肯定的，那麼，你就更要提醒自己：

「原來，這是屬於這個人與他人的相處方式，是他的『負面情緒』、『負面人際溝通模式』，而不是我的問題。」

對方的情緒，是他自己的責任

如果你將所有被別人負面對待的方式、與別人的負面情緒，都歸因在自己身上，那將讓你無所適從、非常痛苦。

你將承擔一些並非你需要承擔的「情緒責任」，因而掙扎、憂鬱、惶惶不安；而當別人將自己的「情緒責任」丟到你身上時，你也會「不得不接」，而最終，負擔過多情緒責任的你，將感覺越來越疲累，心情也越來越憂鬱，對生活毫無控制感。

什麼叫做「把情緒責任丟到別人身上呢」？

當他說：「我會這麼生氣，都是因為你……我有這些情緒，是你該負責的……」或是任意地在你身上發洩過大、難以忍受的情緒時，這都叫做「把自己的情緒責任丟到別人身上」。

實際上，**不論對方做了什麼行為，自己會有怎樣的情緒，那是自己要負責的，而非他人要負責的**。

例如：你看了某人一眼。這個人，他可能會覺得：「嗯，這人看了我一眼，是不是我認識的人呢？」或者，他也可能會這麼想：「他看我的眼神，好像很討厭我，是不是我對他做了什麼？」他甚至可能這麼想：「他看我那眼神超挑釁的，看什麼看，我要揍他！」

你發現了嗎？同樣的行為，因為不同的人、不同的過往經驗與理解模式，造成每個人對於同樣的行為，產生完全不同的解讀，於是出現不同的情緒反應。

A（刺激）▶ B（信念）▶ C（結果）

這也是知名心理學家艾利斯（Ellis）提出的「情緒ＡＢＣ理論」[12]（見一八七頁圖）：

刺激（行為），經由我們的信念，包含我們對世界的看法、我們的主觀理解後，才會出現C的結果：我們的情緒與因應的行為。

因此，如果這個人，認為這個世界與他人是友善的，對於自己的感覺是良好的，當遇到「刺激」時，例如你看了他一眼，他多半會用比較正向的解讀：「對方是我認識的人嗎？他覺得我穿的衣服好看嗎？他好像很欣賞我手上的包包……」

如果這個人，認為這個世界是不友善，甚至充滿敵意的，別人都是會攻擊自己的，那他就很有可能會將你的目光解讀為惡意或是厭惡，因而產生憤怒情緒與攻擊行為。

因此，這也就是我強調的：「不論對方的行為如何，自己的情緒責任，是自己應該負責的」。

所以，即使你犯了錯，你的主管仍然可以用較為和緩、對情況有助益的方式與你溝通，而不是大發雷霆、破口大罵。

你，並不需要因為他人的情緒，隨時擔心需要調整自己的行為，而顯得戰戰兢兢，壓力極大。

或許你會問：「我真的不用承擔任何責任嗎？這樣會不會變成自我感覺良好？會不會我真的特別容易引發別人某些情緒？」

實際上，這並非要你「把錯都怪在別人身上」；面對你自己出現的感受、想法、行為，或是你對別人行為的反應方式等，這仍然是你必須要負擔的責任。

當你對別人做了傷害性的行為，或者你的確犯了錯，那你當然需要為你的行為負責。

但是，當你將情緒責任還給對方，單就自己的情緒與行為負責任時，你會發現：**自己似乎感覺壓力沒有那麼大**；而當你發現，你不再需要負擔他人的情緒責任時，你會感覺到，**自己能做到的事情，似乎更多了**。

唯有劃清人我界限，將不需要自己承擔的責任還給對方，把心力與注意力回到自己應該負的責任，也就是：覺察自己的情緒、感受、想法與行為，瞭解自己的行為動機，為自己的感受、情緒、行為負起責任，如此，能夠更瞭解自己、強化自尊心，也減少把心力放在沒有幫助的事情上，更能促進心理健康，不再容易隨著別人的情緒、行為而起舞。

記得：很多時候，「你以為的，不是你以為」。

建立情緒界限

要怎麼做到不去承擔別人的情緒責任？重點仍在於「建立自我界限」。

如果有適當的自我界限，你會瞭解別人的情緒、行為跟你並沒有關係，也不會如此容易被影響，甚至懷疑自己。

那麼，要如何建立自我情緒界限？建立自我情緒界限的方法：停、看、應。

停：停止對話、轉移情緒、離開現場

當你感覺到你被他人評價、用言語傷害，對方用劇烈的情緒壓迫你或要求你，你可能因而感覺到很不舒服，因此請你先做到第一件事情：離開現場。

[12]《諮商與心理治療——理論與實務》，Gerald Corey著，修慧蘭、鄭玄藏、余振民、王淳弘譯，雙葉，2013。

「離開現場」是一個非常關鍵的舉動。這個舉動，可以幫助你不繼續接受這個人的傷害，或是被動留在原地，接受他的情緒砲轟……此舉除了幫助你不再受對方傷害，讓你「保護」自己的完整性之外，還有一個非常重要的功能：

你讓對方知道，他沒有資格，也沒有能力如此傷害你。你不允許，也不願意給他這個權力。

你發現了嗎？當你使用「離開現場」這個行為時，不只保護了你自我的感受，也讓對方無法「無止境地」在你身上發洩他的情緒。

他也會因為你的離開，而有「不舒服」的感覺。

讓他有「不舒服」的感覺是重要的，因為這也代表，他沒辦法如以前一般，隨意地就把他的「情緒責任」丟到你身上。

看：覺察自己的情緒，瞭解剛才發生什麼事

當你離開現場後，你離開了讓你很有壓力的地方。因此，你有機會能夠靜下心來，平撫

自己內心的焦慮情緒，然後問問自己：

「剛剛發生了什麼事？我為什麼會覺得這麼不舒服？我希望對方這樣對待我嗎？或是，我想要答應對方的要求嗎？」

這個步驟最重要的是，你需要去感受自己不舒服的情緒，並且試著瞭解、接納它，如果你感覺到有些憤怒、感覺不被尊重，因此而覺得不舒服，那麼，請你接受你現在的感受就是如此。

有些人對於自己的負面情緒不太習慣，當出現「憤怒、厭惡、難過」等情緒時，可能會對自己說：

「這又沒什麼……這點小事而已，也值得你大驚小怪嗎？這有什麼好生氣的？根本就不應該生氣……」

如果你會這麼做，我想邀請你，請你先停下來。

覺察自己的情緒之後，「接納、不批評」自己的情緒，是非常重要的步驟。一旦你習慣於批評自己的感覺與情緒時，你當然很難為了自己的感受做些什麼，甚至盡全力地保護它。

因此，你可能會習慣性地忽略自己的感受，於是，你的感覺越來越鈍，而這也會使得你難以建立自己的情緒界限。

因此，在「看」的這個步驟，請你好好地覺察自己的情緒，並且不批評、不懷疑「這個感受對嗎？」請接納你的感受與情緒。

於是，你才會感覺到「自己被尊重」，於是，你才知道你「要什麼」：你想要別人怎麼對待你；然後，你才有辦法勇敢表達。

應：擬定因應策略、練習並應用

當你覺察、接納自己的情緒之後，你的內心知道了你想要被對待的方式，以及你願不願意回應對方的需求。

當你知道自己的「想要與否」之後，你便能夠開始擬定策略，決定如何回應對方，表達自己的感受與想法。

請注意：當你決定要採取什麼回應方式時，前提是：**你的決定，是因為你「想要」，而不是因為你「害怕」而被迫選擇**。

因此，當你決定如何回應之前，請你先問問你自己：

「我做這個決定，是因為我『害怕』，還是因為我『想要』？」

以「害怕」作為驅使你做出某些行為的基礎時，你會覺得無力、沮喪，即使這個決定暫時可以安撫你的不安全感與焦慮，你卻會對做出這樣決定的自己，覺得失望、無力，也會感覺自己沒辦法掌握自己的人生。

但如果，這個決定是出自於你的「想要」，於是你做了這個決定，這代表此決定是你「有意識的選擇」，而非「下意識的行為」。即使可能你做的決定，結果可能與你「下意識的行為」相同，但你對自己的感覺是完全不同的。

你會感覺自己是有力的、能為自己做決定的，你能夠掌控自己人生的決定。

而當你發現：「原來我可以決定自己的人生」時，你將會對自己感覺越來越良好，越來越有自信，也越來越能感覺到平靜與快樂。

Key Point

「有意識的選擇」和「下意識的行為」的不同？

舉個例子說明——「有意識的選擇」與「下意識的行為」的不同：

小雯的婆婆是一個掌控欲很強的人，對於小雯有諸多要求。

而小雯很害怕會大聲嚷嚷、批評自己的婆婆，婆婆也時常對小雯有意無意地說：「孝順的媳婦就是要聽婆婆的話，我是在教你……」因此，在面對婆婆的要求時，溫順的小雯總是委屈地答應。

因此，小雯在與婆婆互動的過程中，總覺得自己很無力、是被掌控的，也越來越覺得婆婆是個壓力，並時常在與對方互動的過程中，感覺自己很糟糕。

小雯對婆婆要求的回應，是屬於「下意識的行為」：因為害怕婆婆的情緒、評價，因而下意識地做出順從的反應，以減輕自己內心的焦慮。

但如果小雯決定重新奪回自己人生的掌控權，不再被對方的評價左右，她決定要做出有意識的選擇，她可以：

一方面，對於婆婆有時與自己想法不同的價值觀與要求，如果是小雯做不到的，她可以嘗試表達自己的感受，並且情緒平靜地拒絕或不回應。

但另一方面，如果現在的小雯，覺得婆婆的要求是自己做得到的，而由於婆婆有時候對自己不錯，因此自己也可以有程度的答應。**雖然結果仍然是「答應」，但這是經過小雯判斷、思考的結果，而非完全由「害怕」驅使，這就叫做「有意識的抉擇」**。

又或者，小雯瞭解現在的自己，還沒有足夠的勇氣向婆婆直接說「不」，但她決定拉開與婆婆的距離，不再以婆婆的情緒、評價為生活準則，並「鈍化」自己對於婆婆情緒與評價言語的敏感度，用**「冷處理」或「有限度的答應」**作為目前面對婆婆要求的「過渡期行為」——這就是屬於「有意識的抉擇」：我知道我要什麼，我知道我現在能做到什麼，然後，我試著做到與過去不一樣的行為。

因此，「有意識的抉擇」，並非只有拒絕或不回應。當你的生活開始執行「有意識的抉擇」時，你會慢慢地知道自己喜歡什麼、不喜歡什麼，你對自己的「感受力」會慢慢變得敏銳；以及，你會感覺到你能夠尊重自己的感受，做你想要的決定，拿回你生活的掌控權。

貳、害怕「讓別人失望」的不安全感：

自我懲罰與自我否定的傷害

停止自我懲罰的傷人情緒

小毓最近換了一份新工作，不過自從換了新工作之後，她時常覺得壓力很大。

原本小毓就是個自我要求很高的人，而新工作環境與舊工作相比，同事與主管間較少非工作上的互動，大多是工作上的對談；而同事間的競爭也較為激烈。

有一次，小毓因不熟悉新的業務，而在工作上出了錯，主管沒有私底下對她說，但卻在會議中公開提出此錯誤，並訓了小毓一頓。

一方面，小毓對於主管直接在眾人面前責備她，覺得很不舒服；另一方面，她也覺得羞愧，覺得自己「犯錯」、「做錯了事」、「造成別人的困擾與麻煩」；此外，對於主管與同事怎麼看她，小毓也很在意與擔心：「主管與同事會不會覺得我是個沒有能力、做事很隨便、沒有責任感的人呢？」

從此，在工作上，小毓更加要求自己，但卻也越來越害怕跟其他人互動，擔心別人對自己的看法，卻也因而在工作環境中越來越孤立。

因為過度擔心別人的看法，使得小毓變得有如驚弓之鳥，一點同事間的細語與主管的眼神都讓她擔心：「他們是不是覺得我什麼地方沒做好？是不是在說我的壞話？」

因為太過孤立，也使得小毓更覺得別人一定會認為自己不好、不喜歡自己……

你也和小毓一樣，常會有這種「自我懲罰的情緒」嗎？

我們或許很害怕情緒，覺得「情緒」是一種會影響心情，甚至影響工作效率與生活品質的東西。

所以，在每天像是打仗的生活中，我們學會戴上盔甲，讓自己對很多事情不在乎、壓抑自己的情緒，情緒隔絕，盡量無感地過每一天，以為這樣才是好的。

有時候，適當的「情緒隔絕」，的確是有用處的。

它讓我們能夠保有力氣去面對、解決眼前的危機、需要專心地工作，或是急需處理的各種問題。

但是，若「情緒隔絕」與「壓抑情緒」成為習慣，使得我們對自我的情緒感受力越來越低，沒有處理的情緒並不會不見，它可能在我們狀況不好時突然襲來，殺得我們措手不及。

而長期「鈍化」感受力，對我們的殺傷力其實是大的：它不僅讓我們感覺不到痛苦而已，它也會讓我們感覺不到快樂與平靜。

因為「情緒」是公平的，你不可能只想要「消滅」或「不感受」某些情緒而已。

實際上，比起許多正面情緒感受，很多負面情緒，由於強度過強，因此**你的「情緒隔離篩」，有時只把那些正向感受篩選掉，而留下那些強度過大、從沒有被消化的負面情緒。**

於是，你就覺得：人生似乎沒有什麼值得快樂的事情。

至少，你感受不到。

於是，你認為「情緒」總讓你痛苦、總是只有負面的，對你的人生，沒有任何幫助。

如此，光要「活著」，那就是一件很辛苦的事情。

真正讓我們覺得無法消化的，是自責

雖然大部分的人，甚至社會氛圍，對「情緒」總是討厭大過於喜歡。大家強調理性甚於感性，「情緒化」甚至是時常用來指責人不夠專業、沒有判斷力的一種「負面評價」。

但事實上，很多時候，「情緒」並非真的讓我們完全無法招架——

真正讓我們覺得無法消化的，不是事件本身讓我們產生的「情緒」，而是事件發生之後，我們「自責」——自己再加以對自我「自我懲罰」的情緒。

什麼叫做「自我懲罰」的情緒？

以小毓的例子而言，「被主管在會議責備」這個事件，會引發的情緒，是個讓人很不舒服、覺得不安焦慮的情緒：一方面，此業務小毓還不熟悉，有部分是「非戰之罪」；另一方面，在眾人面前被責備，用詞若又過於嚴厲，可能會讓人覺得不被尊重，甚至有被傷害的感覺；但或許，這也能當作是主管的提醒，提醒小毓在工作事務上可以再注意哪些部分。

小毓如果因為這樣的情況而覺得不舒服，是可以理解的，所以一方面她可以提醒自己：「這是主管提醒我，在工作上可以再注意哪些部分。」另一方面，也可嘗試跟主管溝通自己被當眾責備的不舒服情緒。

當然，小毓也可以選擇不特別去跟主管溝通，但**至少需要理解：即使自己工作上有犯錯，但自己仍因為主管的行為，而有「不被尊重」、「生氣對方怎麼可以這麼對我」或是「被傷害」的感覺；感受沒有對錯**，小毓需要練習尊重、接納且不評價自己的感受，而不是一面壓抑自己的感受，一面覺得委屈。

當從「是自己事情沒做好」轉變成「是自己不好」

但若在這件事情發生後，小毓無法接受自己面對此事件而升起的負面感受：「覺得不被尊重」，甚至對此事件的理解，從「是自己事情沒做好」轉變成「是自己不好」……

那麼，她的心裡可能會這麼想：「我覺得主管在大家面前這麼罵我，我覺得很丟臉……他怎麼可以這麼罵我？」

但另一方面，小毓又覺得是自己做錯事，所以被罵似乎是「應該」的：「我會被罵，也是因為我沒做好，才會被主管在大家面前罵……可是我覺得我好委屈，我明明很努力了……」

一旦小毓沒辦法接納、理解自己的感受，小毓便會在他人的感受與自我的感受中搖擺不定：覺得自己不該這麼想，會因而有罪惡感；但是又沒辦法完全認同對方的做法，因為明明自己因而如此受傷。

於是，小毓就會在這樣的過程中，耗盡力氣，也**在「自我懷疑」中受更多的傷**。

未處理的「過去情緒的幽靈」

這階段的「自我懷疑」是什麼呢？是懷疑「自己可以生氣嗎？可以覺得難受嗎？可以覺得委屈嗎？明明我做錯事了……」

小毓可能開始對自己的感受「懷疑」，懷疑自己這樣想，是對的嗎？因而升起了罪惡感，卻也沒辦法壓抑自己受傷的感受。因此，腹背受敵、痛苦不已。

而當我們開始「自我懷疑」之後，我們從「懷疑自己的感受」，甚至會擴大到「懷疑自己」。

小毓可能因而開始覺得自己很糟糕，進而感覺到罪惡感、羞愧感，因為羞愧感而產生「討厭自己」的感覺，甚至進一步認為「大家一定都覺得我很糟、很討厭我自己」，那麼，負面情緒就會越來越多。

如果強加壓抑，慢慢地，可能就會出現一些情緒困擾。

你發現了嗎？其實，很多時候這些令你困擾的情緒，可能都是自己想出來的；而，當我們因「事件」出現罪惡感、羞愧感等負面情緒時，此情緒升起，也可能會使我們聯想到過去：類似現在情緒的一些很糟的、尚未被處理的情緒經驗，我時常稱之為「過去情緒的幽靈」。

我們時常因為這些「新仇加舊恨」，而從感覺「自己很糟」到「自己更糟」，使得心情掉到谷底。

但實際上，這些情緒並不是現在「這個事件」本身該有的情緒，而可能是這個經驗引發了「過去我們尚未消化完的情緒」，使我們產生極大的不安；於是，我們內心可能會出現一個「自我懲罰的教練」，拚命地責備自己，放大那些罪惡感與羞愧感，使我們可能會因為一些小事，而掉入負面情緒的漩渦中。

如同小毓一般，我們或許都有過這樣的經驗：因為挫折而不停地懷疑自己，**從「事情做得很糟」變成「我真的很糟」**……腦中的自己，覺得「做錯事情的自己」應該受到懲罰，於是我們鍛鍊了一個「自我懲罰的教練」在我們的腦中，不停地被挫折的自己……這樣不停、循環的負面思考與焦慮，讓我們陷入惡性循環，最後，我們什麼事都做不了。

因而，更討厭這樣的自己，更陷入了自厭的負面情緒。

如何擺脫自我懲罰的情緒？

要怎麼擺脫這樣的「自我懲罰的傷人情緒」？

其實，**你只要停止就好**。

停止，意味著你需要意識你正在做傷害自己的事情，或是對事情毫無助益的思考；停止，意味著你需要調整你的心態，相信你正在思考的這件事，其實對自己沒有任何幫助。

然後，將力氣花在專注地擺脫這些沒有助益的焦慮與負面思考。

但或許讀到這裡，你看到「只要停止就好」，你會出現一種疑惑：

「說得簡單。但是，我就是停止不了，怎麼辦？」

有的時候，或許你會發現：「停止自我懲罰的情緒」，停止那些自責的聲音，可能對你而言是不容易的，原因可能有兩種：

- **第一種，可能我太習慣這種「自我懲罰的言語」，以至於我無法辨識這個聲音其實是傷害我的。**
- **第二種，則可能是：我認為做錯事的我，就是應該被懲罰的，所以我應該用這些嚴厲的話來「懲罰」自己。**

或許，你從小在一個嚴厲的環境長大；又或者，由於我們的文化、教育是這麼教導我們的：

「不打不成器」、「人外有人，天外有天」、「愛之深，責之切」……

這些過往文化與教育的「習慣」，使得你認為，當你擔心自己不夠好，可能會讓別人失望，而覺得不安時，為了因應這個「不安全感」，你可能會決定：「要讓我自己變好，唯有不停地『挑剔』自己，如此，我才能變得更好、更進步。」

但，你卻忽略了：

過往經驗，當你被他人挑剔時，你的內心出現了多少傷口，而你又是如何讓自己「無感」，或是害怕這種經驗再度重複，於是你努力讓自己變得更好。

因此，雖然你變得更好了，但你從不享受這個過程，也從不覺得自己「夠好」；你只是覺得「好像應該要這樣」，於是習慣性地「內化」那些挑剔你的言語，變成了你自己會對自己這麼說。

於是，「挑剔與責備」已成習慣，你可能藉由這種方式，暫時安撫你的不安全感；**但是，你卻沒有在追求成就的過程中，感受到一絲欣喜或真正的「安心」——就算你不停做到自己的目標。**

但，永遠不夠。

那些他人的稱讚，或是因為自己努力而帶來的成就感，如曇花一現，一下子就消逝了：你收不下來，也不敢收。

那些稱讚的聲音，與目標達到的喜悅，對你而言，都不是在說你「夠好」，而只是告知你「你及格了／你做得還可以」的聲音而已。

那，一旦你做不到呢？心裡挑剔、自責的聲音，排山倒海，習慣性地責備你，而你，卻沒有發現，這其實是一個傷害你的習慣。

因為這些傷害性的語言，你需要花更大的力氣療傷，然後，重新站起來，做你其實不需要花這麼大力氣，就做得到的事情。

如果，當你遇到失敗與挫折時，你覺得你需要用力地「懲罰」自己犯的錯，覺得需要一直責備自己、自我攻擊……那麼，我想問你一個問題：

在這個失敗或挫折中，最大的受害者，是誰呢？

會得到最大損失的，不會是你身邊的人，因為即使暫時你造成他們的麻煩，最後要補救的，仍是你。

但內心的痛苦、自我懷疑等，都是你自己才會感受與需要承受的。

誰都不能幫你。

所以，當你遇到挫折或失敗的時候，最大損失者，其實是你自己。

但，你卻還需要「懲罰」這個最大的損失者。

那種感覺就像是：

當小孩因為受傷回家時，父母的第一句話是：「你怎麼這麼不小心？你活該，誰叫你不看路……」父母責備已經因為自己的疏忽而付出代價的孩子（有時甚至不是孩子的疏失），卻沒有注意到他受傷了，他其實覺得很難過、很痛。

父母或許覺得：「我是在提醒他自己要小心。」但，付出這個大代價的孩子，難道不知道嗎？如果他不想要受傷，他難道就不會小心嗎？而需要你用這麼嚴厲的方式對待或提醒，他才會記得嗎？

不會。

他只會覺得受傷，覺得自己不重要，自己的感受不被在乎。

別再像「嚴苛的父母」對待自己

你發現了嗎？你的「自我懲罰」，使得你時常對自己當一個如此嚴苛的父母。

那並沒有讓自己感受更好，也沒有太多的幫助；有的，只是傷上加傷。

因為，其實你已經是這個挫折或失敗中的最大損失者了，你已經承擔了所有的代價了。

更何況，一旦遇到挫折與失敗，你會如此難過或沮喪，我認為，那還是一個非常重要的證明。

什麼證明呢？

那是一個「你很努力」的證明。

因為這個目標，你很在意，你很努力，所以你付出了很多時間、心力，所以，當挫折或失敗，你才會因而覺得難過、沮喪。

如果你並不在乎，你從未付出，你自然不會感覺到太多的難過或沮喪。因此，你的難過、沮喪，其實都是「你好努力」的證明。

那麼，你能不能對這麼努力的自己，好好鼓勵或肯定他？而不是像「嚴苛的父母」般，用懲罰或責備性的語言對自己說話？

因為，**當我們的努力被看見時，我們被肯定時，其實，我們會長出更多力量，願意為我們自己，再多做一些事情。**

這是「懲罰與責備」做不到的事情。

或許，你認為「那不就證明了，努力沒有用，結果最重要啊！」

但我想要提醒你：

世界上不會有任何一個嘗試是沒有用的；

只有你認為它沒有用，它才真的沒用。

當你「自我懲罰」，對自己說「自己做什麼都沒用」時，請你感受一下：

那是否讓你升起了「覺得自己很糟」、「什麼都不想做了」的心情？

這才是讓你的挫折「變得沒有用、沒有幫助」的原因。

一直把眼光放在「結果」的你，卻沒發現：這個想法並不是真的，而是你習慣性的「自我懲罰的語言」而已。

你是否，能以這麼努力的自己為榮？

當我們在挫折與失敗中，我們真正發現了：因為我們的嘗試與努力，才知道，如果要達到我們的目標，有什麼事情可行，而什麼事情不可行。而每一次的挫折與失敗，都是在提醒我們，可以再用怎麼樣的方式修正。

而我這麼難過，是因為我真的這麼努力過了，所以我才會沮喪。

你是否，能以這麼努力的自己為榮？

因為，或許你也發現了，當你「自我懲罰」地對自己說些責備的話，其實只會讓自己有使不上力、覺得什麼都不想做的感覺而已。

但當你看見自己的努力，願意對自己肯定，你心裡湧現的力量，絕對是令人難以忽視的。

那就像是：如果有個很會責備人的父母或老師，一天到晚站在你身邊罵你，即使你做得到一些事情，你也不會覺得快樂或是覺得有自信。你只是每天都覺得自己好像不夠好、很糟糕，總是需要做到一些事情來證明自己。

但如果你身邊有個很鼓勵你的人，你可能時常會覺得：「我想我應該做得到這件事，因為他對我這麼有信心。」甚至，你可能會升起：「我想要好好努力。我想要為了他，成為一個更棒的人。」

如果那個人與你的關係越深，這種心情通常會越強烈。更何況，**如果那個鼓勵的人，就是跟你關係最近的你自己，那對你的支持力量，是多麼的強大**！

因此，請你相信你自己，和我一起，停止「自我懲罰的情緒」吧！

Key Point

停止自我懲罰

如果你沒有意識到「自我懲罰的習慣」是如何傷害你，這也代表，你已經太習慣這麼嚴苛地對待自己。

與我一起，練習「停止自我懲罰」吧！

當自己陷入無止境的自責與「覺得自己不好」的情緒時，以下有三個步驟，可以提醒自己：

呼吸練習：

深呼吸，將注意力放在你的呼吸上。感覺空氣如何吸入你的身體，又如何呼出；慢慢地提醒自己放鬆，讓情緒平靜下來。

覺察：

當你的情緒平靜下來後，問問自己：「剛剛發生了什麼事？我覺得不舒服的地方是什麼？」這其中，包含了「事件當下的感受」，以及「後來自己往後深想出現的情緒」。

打破「自我懲罰情緒的循環」：

問問自己：「如果我因為『大家都認為我不好』；『我存在是不重要、沒有意義的』；『我沒有用』等想法而覺得羞愧、覺得心情不好、覺得自己很糟糕，這想法是真的嗎？還是我想像出來的？會有這種想法，是否是我的習慣？」

或許你可以試試看：當你試著平靜你的心，讓自己有機會覺察自己產生負面情緒的背後想法，辨識出內心形成的「自我懲罰教練」的樣貌；很多時候，我們就有機會可以選擇：選擇不再被這個「自我懲罰的聲音」影響，改變內心因「自我懲罰的聲音」而出現的「負面情緒循環」。

面對你心中的催狂魔——「自我否定」所造成的殺傷力

我們已經知道：「自我懲罰」的聲音是如何傷害我們，而時常和「自我懲罰」的聲音一起出現的，是「自我否定」的聲音。

什麼是「自我否定的聲音」呢？

就是：內心「覺得自己很糟糕」的聲音。

不知道大家有沒有遇過這種情形：

也許因為工作、因為家庭、因為伴侶關係，你度過了很糟的一天：可能因為某些原因，遭到主管責備，也可能是與同事的互動遭到挫折；可能因為傳訊息給好友或伴侶，對方一直已讀不回；可能與父母、家人、伴侶發生一些爭吵，你覺得非常沮喪；可能因為報告拿了一個很低的成績，論文一直沒有進度，或是覺得自己達不到教授、老師的要求……

可能因為很多小小的事件發生，你感覺到「我讓別人失望了」，而這可能是你最害怕的事情。

因為，這代表你可能會不被愛、不被重視、不被喜歡、不被在乎，可能會被遺棄在這世界上，孤零零的一個人。

於是這些事件的發生，引發了你的不安全感，使得你召喚了心中的「催狂魔」——那原本只出現在《哈利波特》裡面的角色——它會吸走你內心所有的快樂、自我肯定……讓你不停地懷疑自己、覺得自己很糟糕、覺得事情永遠不會有好的轉機、永遠都會是這麼糟糕。

「就像是，你永遠都不會再快樂起來了。」——《哈利波特——阿玆卡班的逃犯》。

那麼，這個「催狂魔」的真面目是什麼呢？

答案是：我們內心的「自我否定」所造成的「憂鬱情緒」。

害怕他人對自己失望

我自己曾經有過非常深刻的經驗：

當時，我還是就讀研究所的學生。在一次課堂發言後，突然覺得不安，我心中內建的「自省機制」開始自動運轉：「剛那發言可以嗎？我這樣說，好像不太好？老師跟同學的表情好像怪怪的。天啊，我怎麼會這麼就說出口？天啊，我真的是太糟糕了。大家一定覺得我愛表現又膚淺，簡直爛到不行……」

或許，在別人的眼中，那是個小到不行的發言，甚至根本沒有什麼人留意到，但我只因為對自己某幾個措詞不滿意，就用我內心的「自省機制」（其實是「自責機制」），把自己打得體無完膚。

我覺得非常的沮喪、羞愧、越來越憂鬱，「下次大概沒辦法發言，甚至沒辦法去上課了。」我這麼想著。

後來，當時的課堂老師知道了這件事，他很直接地對我說：「你知道嗎？你從來不是被挫折打趴，而是**被你自己打趴**。」

這句話，影響我非常深。

我開始去理解，到底每次我「感受到自己可能讓別人失望」時，我的內心是怎麼想的。

我發現，「別人可能會對我失望」的這個想法，很容易引發我的不安全感；而太過擔心這件事的自己，會無法放過每一個蛛絲馬跡。

一有徵兆，我內心的「自責機制」自動運作，內心的「催狂魔」，它見獵心喜，立刻被召喚過來，讓我更用力地責備我自己：

「得了吧！你以為你是什麼東西，大家一定都在笑你。」

「你真的很糟糕，大家其實都很討厭你。」

「你根本沒什麼用，沒有人在乎你。你根本沒有價值。」

實際上，「自我否定」與「自責／自我懲罰」是如此相似，它們都類似於「自省」，源自於我們「害怕自己不夠好」的擔心；於是，因為這個擔心，這個「自省機制」開始運作，不停挑剔我們的作為，讓我們過度焦慮；**它會使得原本一件小事，被我們放大成我們的全世界，成為我們「不夠好」的理由**。

而這些讓我們覺得「不夠好」的感受，讓我們覺得丟臉、羞愧，然後讓我們感覺憂鬱，覺得再也感覺不到任何的快樂，也再也不相信，自己做得到任何事。

這個「自我否定」引發的「憂鬱」，就是催狂魔的真正樣貌。

練習自己的「護法咒」

於是，當我開始發現了我內心「催狂魔」的真正面貌，我開始練習屬於自己的「護法咒」。

在這過程中，我慢慢瞭解：「原來，只要遇到類似『我讓別人失望』或『覺得自己不夠好』的情景，我的不安全感會被引發；而此時，催狂魔就會趁虛而入，把我所有的信心與快樂全部吸走，一滴不剩。」

對我而言，光能看清楚催狂魔的面貌，知道這個機制是怎麼自動運作，就已經對我幫助很大。

因此，我開始嘗試讓自己不要相信催狂魔對我說的話——即使在我情緒不好時，它說的話是這麼有力，就像是我的全世界、我人生的結語一般。

召喚「護法咒」

後來，記得在一次與伴侶的爭吵時，那其實是一個很小的爭吵，但我記得我當時哭得稀里嘩啦，內心的催狂魔立刻跑過來，在我耳邊喃喃地說：

「你知道了吧，你沒有用，而且沒人在乎你，沒有人要你。你活在這世上，根本一點價值都沒有。」

這時候的我，已經知道了催狂魔的面貌。

我知道在我不安的時候，催狂魔特別喜歡來搗亂，但話說回來，在我這麼難過的時候，它說出的那些話，卻又特別有力地會讓我相信；甚至，我會在內心不停地找出各種事件，以印證它說的那些打擊。

然後，這些話，可能就成為我「信以為真」的真實。

所以，我召喚了「護法咒」。

這個護法咒，是我試著集中精神，跳出了催狂魔幫我密密織成的漫天大網，我試著召喚、想到了一位對我很重要的朋友，一邊哭，一邊想著：「如果我跟他說，我覺得自己既沒用又很糟糕，根本不配活在這世界上，沒有存在的價值，他會跟我說什麼？」

我想到，他應該會翻我一個大白眼，跟我說：「你有事嗎？你當然很有價值啊！你到底在想什麼？」

想到他的白眼，我突然笑了出來。當我笑出來時，我發現：原來，當自責機制運轉、催狂魔吸走我所有的快樂的時候，我的思考究竟有多麼不合理。

最可怕的是，不論事情大小，「自責機制」造成的低潮情緒，可能來得又快又猛，讓我們完全無法招架。

如果你也深受其擾，那麼，**試著看看自己內心的催狂魔，究竟會怎麼被吸引過來，又是怎**

麼讓我們全身無力，像是在一個伸手不見五指的地方。

或許，有的時候，我們的感覺就像是：催狂魔把我們困在一個黑色的氣球裡，讓我們感覺到，我們似乎完全吸不到氧氣、感覺不到力量，黑暗鋪天蓋地，好像是我們的全世界，我們完全逃不出去。

但，只要我們願意相信：「這是我覺得不安、感到低潮或挫折時，很容易會出現的狀況。催狂魔就是會來，就是會想要打趴我，我只要趕快召喚護法就好。」

然後你會發現，一下子，你就在氣球的外面，雖然你手握著氣球，但只要你一放手，那些讓你痛苦不已的聲音，就會離開你的身邊，不再影響你。

讓我們一起面對我們內心的「催狂魔」，找到屬於你的「護法咒」吧！

Key Point

找到屬於你的「護法」與「護法咒」

當你使用脫離「自我懲罰情緒」循環的三步驟未果，或是卡在第三個步驟：無法客觀地說服自己「我，是不是被自我懲罰的情緒綁架了？」那麼，也許你可以試著這麼做：

在內心想一位你覺得可靠的人，他可能是你的家人、你的朋友、你的伴侶，甚至是你的老師、你的心理師……然後，問問你自己：

「如果我把這些『覺得自己很糟糕、沒有用』的話告訴他，他會怎麼回應我？」

如果你不確定他們會怎麼回應你，直接詢問本人，請他說出他會回應你的話。

試著把這些話記下來：不論是寫在隨身筆記本、小卡上，或是在手機裡錄下來，然後，隨身攜帶。

在你突然被「內心的自責催狂魔」襲擊時，請你記得把這些「護法咒」拿出來看、拿出來聽。

然後，告訴自己：

「我是重要的。我只是現在被催狂魔襲擊了，會難過，是正常的，但我自我否定的那些話，其實都不是真的。」

那是你心情不好的時候，才會跟自己說的話。那是自我否定的語言，而不是真實的情況。

所以，那並不是真的。

因此，尋找你的「護法咒」，有幾個重點：

接納你的情緒：

你需要接納此時你的情緒，可能是難過、沮喪、受傷……你需要提醒自己：「我現在因為某些事情，所以心情不好，而我心情不好，覺得沮喪、難過，甚至會自責、自我否定，都是正常的。」請不要責怪這樣的自己，因為這是你的習慣，這些反應都是正常的。

這些「自我否定的語言」都是假的：

提醒自己：「因為不安，所以我會想到很多自我否定的話，而且罵得頭頭是道，但這不是真的，這是因為我心情不好，所以我才想出來的自我攻擊語言。我需要停止思考這些對我沒有幫助、又有傷害性的話」。

召喚護法：

如果發現要「停止自我否定的聲音」是不容易的，請召喚「護法」：使出你的護法咒，不論是拿出你寫下「護法咒」的小卡、本子，或是錄音檔，或是在腦海中想像：「我的『護法』，他會怎麼說？」以此作為擊退「催狂魔」的重要工具。

給自己一點幽默感：

如果可以，你可以面對鏡子，對鏡子裡面的自己笑一笑。想著如果你跟朋友這麼說，他們會怎麼開玩笑地笑你「著猴」……給自己一點幽默感，讓自己笑一笑，那會使得你內心的情緒立刻有所不同。

如果你被你內心的「催狂魔」逼得喘不過氣，你可以試試看上面的步驟。

找到你的「護法」與「護法咒」，和我一起，擊退你心中的「催狂魔」吧！

參、害怕感覺「受傷與脆弱」的不安全感：

請允許自己悲傷

失落，難以言喻的痛楚

小瑋七歲時，很喜歡爸爸送給他的一個機器人。

爸爸在外地工作，小瑋並不常見到他。思念爸爸時，小瑋就會對著機器人說說話；

在學校，小瑋如果遇到不愉快的事情，也會回來對機器人說。

小瑋幫他取了一個名字：無敵超人。

小瑋很喜歡無敵超人，當他把無敵超人放在桌上，自己跟他說話時，會覺得，無敵超人會懂、會保護自己。

無敵超人就像是小瑋的保護者、好朋友一樣。

有一天，小瑋回家，第一件事就想找無敵超人說話，但是卻到處找不到自己的老友。

問媽媽，媽媽對他說：「打掃的時候，我不小心把你的機器人摔壞了。」

小瑋好傷心，他拚命地哭鬧、罵媽媽。

媽媽也好生氣：「只不過是一個機器人而已，我再買一個還給你就是了！這種小事，有什麼好哭的。男孩子怎麼可以當愛哭鬼？還為了這種事頂撞媽媽？」

小瑋哭著說：「我不要新的。我就是要我的無敵超人。」

然後，小瑋被媽媽打了一頓。

被打很痛，所以小瑋不哭了。但是，小瑋覺得，沒有眼淚的自己，心，空空的。

隔天放學回家，小瑋在自己房間看到了一個機器人，長得跟原本爸爸送他的那一個機器人一模一樣。

但是，小瑋知道，那不是自己的無敵超人。它只是個仿冒品。

於是，小瑋把它藏到床底下，不想看到它，也不想要再想起這件事。因為，想起來，小瑋就會難過；但是，難過是不被允許的。

難過，會被揍、會被罵，會被認為軟弱、不堅強，而且沒有用。

「難過，不會被任何人在乎，而且，對現況一點幫助也沒有。」

這是小瑋在這次經驗中學到的事。

上了高中時，小瑋交了一個女朋友。

小瑋很喜歡他的女朋友，他覺得女友是真正瞭解他的人。她願意好好聽他說他的感受、他的想法，他的所有，也願意花時間瞭解他。

小璋覺得，交了女友之後，自己內心有些空蕩蕩的部分，好像慢慢被修補起來了。

沒想到，在一次意外中，女友過世了。

小璋完全不能接受這件事情，覺得晴天霹靂：「怎麼可能會這樣？怎麼會發生這種事？」

他身邊的人，紛紛安慰他，跟他說：「人死不能復生」、「你要好好照顧自己。你是男孩子，要為了她堅強起來」、「你這麼難過，她也不會開心，她會捨不得你」……

甚至有人說：「時間可以沖淡一切，你以後會遇到更好的女孩。」

小璋不懂，為什麼他不能難過？為什麼他一定要堅強？為什麼他不能癱在那邊，什麼都不做？為什麼他就要像是什麼事都沒發生一樣，過著有秩序的每一天？為什麼他不能讓女友捨不得？捨不得的話，她就會留在自己身邊了，不是嗎？

但是，小璋不被允許悲傷。

當他持續地消沉下去時，身邊的人對他說：「你要趕快好起來，比你更慘的人還有更多……你應該要堅強一點。你這樣，她也不會回來。」

甚至有些人，一開始還會對小瑋說：「要是有什麼難過的，都可以來跟我說。」

但沒多久，面對小瑋的悲傷，這些人對小瑋說：「我知道你很難過，但我真的覺得，你要試著不要這麼鑽牛角尖，應該要往前看，堅強面對生活的磨難，而不是這樣一直難過。」

小瑋聽出來，這些人面對小瑋的情緒，覺得累了，覺得無能為力，覺得不耐煩了。

小瑋開始學到了：「不要再對任何人事物放感情，因為沒有一樣東西、一個人，可以一直永恆不變，而當他們離開時，那悲傷太難以承受，也沒人能夠接受你一直悲傷、一直脆弱，脆弱是不被允許的，所以你要開始學會保護自己。」

保護自己，不再交出自己脆弱的那一面，不再讓自己有機會受傷。

於是，小瑋開始學會「保護自己」。

他表現得開朗，所以有了一些朋友；他交了很多任女友，也分手了很多任。

每任女友與朋友，都曾對小瑋說：「我覺得你很好，但我覺得沒辦法靠近你。」

小瑋不懂是什麼意思，但他也不在乎。

對他來講，現在與他人的距離，是最安全的關係；至少，他不再覺得痛，不再覺得沒人在乎自己，不再覺得自己沒有用。

而小瑋發現，這樣的距離對自己也有幫助，因為在身邊有人離開自己時，小瑋不再覺得那麼難過，再也沒有這麼難以言喻的悲傷。

如果他想哭的時候，他也會對自己說：「這根本沒什麼大不了，這有什麼好哭的……」好像對自己說完這句話之後，真的變成比較堅強。

或是說，心，越來越像鋼鐵一般：堅不可摧，沒有感覺。

過了好多年，小瑋覺得，自己好像變成了綠野仙蹤的機器人，已經沒有心了。小瑋覺得自己越來越沒有感覺：不會太悲傷，但也沒有快樂過。

但至少，他再也沒有感受過，那種難以言喻的悲傷。

對小瑋來說，這樣就夠了。

因為，他逐漸發現，「時間能沖淡一切」是騙人的：到現在，當他想起他的無敵超人與初戀女友時，心裡還是非常、非常地悲傷。

而，已經過了這麼多年了。

你，多久沒有允許自己好好「悲傷」？

面對失落經驗，從來不是一件容易的事，包含死亡，包含重要他人的離去，包含了失去一些對自己非常重要的東西。

但在**我們從小的教育裡，很少有機會被允許好好地「難過」**。

我們被教育：流露情緒是沒有用的、是不堅強的；我們需要學習正向、學習堅強、學習合理化、淡化這些痛苦情緒，然後趕快往前走。

在面對傷痛的經驗中，我們不被允許好好感受自己的真實情緒，因為這樣的我們會「太脆弱」；而這個社會，沒有太多允許脆弱存在的時間與空間。

因此，感覺到脆弱，會讓我們不安。因為，害怕展現脆弱的自己，會被攻擊、會不被接納。

於是，我們用假裝堅強的盔甲，包裝著各種脆弱的靈魂；隨時，我們都逼著自己戴著堅強的面具，「我們都能夠笑著說那些，發生在我們身上的傷痛」，這變成要在這殘忍的社會生存的一種必備能力。

所以我們說著、輕描淡寫著，臉上笑著，心裡痛著；或者，乾脆讓自己沒有感覺了。像是在說別人的事情一樣。

我們被說服：時間可以沖淡一切；而如果那些關係是可能被替代的（例如失戀、失去寵物），就趕快找個新的來替代。

我聽過不只一次這種說法：「失戀？趕快找個新的對象就好了。」

但，有過失落經驗的人，或許都發現了：

「時間不能沖淡一切，而新的也無法替代舊的。」

當我們不被允許悲傷時，我們逐漸學會了合理化與淡化傷痛的能力。開始學會淡化自己的痛苦，甚至讓自己沒有感覺，這樣我們才有可能因應身邊所有人的期待：「（看起來）趕快好起來」。

但我們卻忘記了：

「如果不是有這麼痛，我又何必合理化或淡化這些痛苦？」

因為不這麼做，你可能會痛苦地撐不下去。

而，在讓自己「沒有感覺」，以面對痛苦的過程，你會慢慢發現：我們失去的，不只是感覺痛苦的能力，而是所有感覺，都慢慢不見了。

包含感覺快樂、幸福的能力。

最後，你才發現：你不只失去了自己的感覺，還**失去了你自己**。

受傷的心，需要被看見、被聽見

我們需要去訴說我們的失落與悲傷。那個被我們藏在內心最深處，用盒子鎖了起來的，受傷的心，它需要被看見、被聽見。

或許，你曾經因為你的情緒而被他人攻擊，甚至不被允許「悲傷」。

請你記得，那不是你的錯。

你有情緒、你會脆弱，那並不是軟弱，也不是可恥的。

你的眼淚與悲傷，都是因為，你曾經如何真實付出你最真實的情感，而又如何從對方身上得到真心的對待。

你的悲傷，證明這段關係真實存在；**證明你真心以對**。

那麼，悲傷，理所當然。

請，允許自己悲傷。

Key Point

如何允許我的悲傷？

如果面對自己的脆弱，你會覺得不安；可能你處理自己的失落、傷心經驗，總是告訴自己「不可以崩潰」、「不可以這麼情緒化」、「不可以這麼軟弱」……於是，你會慢慢發現，你從沒有好好地處理自己的傷心。

如果你願意重新面對自己的「傷心」，那麼，我想邀請你，你可以試著這麼做：

書寫，或找一個可靠、願意聆聽的夥伴。

誠實寫下自己的情緒：

試著寫下，或是告訴對方：對於這件事，你真實的感受與情緒是什麼。

你不一定需要清楚地描述事件、細節，你只要嘗試寫出、說出自己真實的情緒。

聆聽、接納自己的情緒：

如果你是自己書寫，在你嘗試寫出真實的情緒時，請你不要批評，也不要嘗試合理化，或淡化自己的感受。

如果你是找一個可靠的人聽你說，可以請他提醒你：「如果我批判我的情緒，或是又試著閃躲，想要告訴自己這沒什麼，請你提醒我。」

請你接受自己的傷心與失落，讓自己瞭解：「我會傷心，是很自然的事情，因為我付出了我的感情，而這段關係對我曾經這麼重要。」

而如果你擔心，在你認為可信任的人的面前展現出真正的情緒，可能還是會使你表現得太「脆弱」、太「情緒化」、太「不理性」……你擔心這會造成他的麻煩。如果，這可能成為你感受自己真實情緒的阻礙，那麼，請你詢問他。請你問他：「當我對你表現出我的真實情感，你是怎麼想的，你會覺得這樣的我，很糟糕嗎？」

如果他給你的回答是：「不會，因為……」

那麼，請你相信他。

停止責備自己：

或許，你可能會因為這個失落經驗而自責，甚至出現罪惡感，例如重要他人的離別或離世；你覺得似乎是自己「沒做什麼」或「多做了什麼」，所以這個失落經驗才會發生。

我想告訴你，「沒有人比你更不想要這件事的發生」。所以，請停止責備自己吧！停止認為這件事是你的錯。

而，**當你願意停止認為這件事「是自己的錯」時，你才能夠好好地去想念對方，才能好好地感受屬於你自己對對方的愛。**

以及，他對你的愛。

在重新感受這個失落經驗時，除了書寫，找一個你可以信任、願意接納你的人去訴說，是很重要的關鍵。

如果你擔心造成身邊的人的壓力，我建議你可以考慮尋求專業人士的協助，例如心理師。如果，你找的是身邊的朋友，也請你需要練習瞭解一件事：

當他人願意付出他的時間給你，那一定是因為你對他們是重要的。所以，一旦你詢問他們的感受與意願，如果他們並沒有拒絕，請你練習相信：

練習相信他人對你的愛。

但是，每個人都有不堪負荷，以及需要自我照顧的時候，就像是：如果你有自己的事情時，面對重要他人的情緒與需求，有時，你也可能會有「心有餘而力不足」，於是，你可能不會完全滿足對方的需求。

這不代表你不愛他，當然，也不代表你自私。

你需要照顧好自己，行有餘力，才有力氣去愛那些你覺得重要的人。

同樣地，你身邊的朋友、家人、伴侶……他們即使愛你，也有力不從心的時候，也有無法滿足你需求，聆聽、回應你情緒的時候。

請你別忘記：信任，是非常重要的事情。

請你信任：他們是愛我的，所以在他們「能夠」的時候，他們其實有付出他們的時間、心力。但是，他們也有自己的需求，所以當他們不能回應我的時候，是他們有困難，而不是因為他們不愛我、不在乎我。

理解這一點，是非常重要的。

如此，你才不會把好不容易打開的心扉，又因為太害怕受傷，而瞬間關了起來。

「認為人都是不值得信任的；大家都是自私的，只在乎自己的；其實根本對我的關心，都是說說而已……」習慣用這些「自虐的想法」解釋所有事，或許你的心門可以「如你所願」的瞬間關起來，還能幫助你不再去感受任何受傷的情緒；但，**在這關起來的瞬間，其實也讓你受了更大的傷**。

這樣的思考習慣，會讓你更不信任別人，也更認為：自己的感受不被他人重視，而自己是不值得被愛的。

當你試著相信他人的愛時，你會慢慢發現：原來，自己，也是用這種方式被愛著，自己並不孤單。

你就有機會從這愛中，重新找回自己的安全感；而療癒自己，也不再只是你一個人的事情。

肆、過度擔心「出錯」的不安全感：別陷入焦慮的循環

擔心自己「想不夠」？別讓「擔心」控制了你的人生

「我總是覺得事情很多、壓力很大。

「即使下班了，腦袋好像沒有下班一樣，總是在想明天什麼事該怎麼做；老闆交代

什麼事，我還沒做到；明天去上班，還有一大堆事情還沒做……我會一直擔心，甚至擔心到睡不著覺……」

●●●

「最近我爸的身體出了些狀況，帶他去看醫生，醫生說可能要做進一步的檢查，才會知道是什麼問題，所以排了一堆檢查……檢查要兩週後做，看報告還要再兩週，我真的很擔心爸爸是不是得了什麼很嚴重的疾病。

「最近常常半夜睡不著覺，醒來就是想這件事……覺得好像爸爸還沒垮，我卻先垮了……」

●●●

「我最近要考一個很重要的考試，之前曾經失敗過一次……現在要準備時，都會一直想著『如果又失敗了，怎麼辦？』於是越來越不想要念書。可是又感覺自己很擔心，每次一念書時都在想『如果自己考不過，怎麼辦？別人會怎麼笑我……』

「那種一直擔心自己可能會失敗的感覺，停不下來，真的好痛苦……」

你是否時常感覺自己的腦袋停不下來？常常擔心很多事情，甚至災難化思考？覺得「擔心」好像已經變成了自己根深柢固的習慣？

或許，你曾夢想自己擁有一種可以「控制一切」的超能力，希望事情都可以按照你想望的方向走，那麼，你就可以不再擔心、不再焦慮。

這種「很怕出錯」、害怕「失敗」、害怕「不可控」的負面未來的想法，常常讓我們把眼光只放在那「最糟糕的可能性」中，而讓我們過度憂慮、惶惶不安，反而很多事情因而沒辦法做。

甚至有的時候，即使我們發生了一些好事或成功，我們仍然會「提醒」自己，應該要去擔心那些沒完成的，或是沒注意到的事情，讓自己一直都處在憂慮之中，很難享受快樂或平靜的時光。

當然，這可能也是一種文化習慣。「未雨綢繆」、「樂極生悲」、「得意忘形」……華人文化時常灌輸關於「謹慎」的重要性。

事實上，提前預想到一些可能性而做預防，的確是需要的。但如果太過頭，甚至連一些不可知的、不可控的負面可能，都希望自己能夠控制、能夠避免，那很容易就掉進「焦慮的迴圈」中。

為什麼，我會這麼「焦慮」呢？為什麼，焦慮，總讓我「擔心東、擔心西」？

焦慮，是什麼？

焦慮，究竟是什麼呢？事實上，「焦慮」雖然讓我們感覺不舒服，卻是一種提醒我們「危機可能出現」的感受，可說是一種警報系統。所以當焦慮出現的時候，如果我們想要降低這種「不舒服」的感覺，我們就必須「做些什麼」。

所以，焦慮並非都是不好的。有的時候，焦慮可能會逼得我們準備得更充分，更積極地面對考驗、解決危機或難題；但有的時候，**焦慮也會逼得我們做出一些其實對事情本身沒有幫助，但反而更困擾自己的行為——強迫思考與行為。**

焦慮，怎麼迫使我們出現「強迫思考」與「強迫行為」呢？

前文談到，伴侶因不安而出現的「強迫思考」與「強迫行為」時，我曾簡單說明這個部分——關於強迫行為的四階段模式，也就是「強迫行為」怎麼在當下暫時解除我們的焦慮，並且使我們上癮（見二四二頁圖）：

例如，當媽媽因為太過擔心孩子的安危（壓力感受），此壓力感受出現的焦慮，讓媽媽腦中不停擔心孩子可能出現的各種危險（強迫思考），然後決定要掌握孩子的每一刻行蹤（強迫行為）。

又或者，伴侶之間，一方對另一方很沒安全感（壓力感受）。「沒安全感」的感受造成焦慮，於是就在腦中一直想著他會不會做對不起我的事情（強迫思考），於是隨時奪命連環叩、查勤、問個不停（強迫行為）。

焦慮，成為上癮行為

實際上，因為壓力感受而促使的強迫思考與行為，雖然當下可能暫時緩解自身的焦慮感，但**對於真正擔心的事情是沒有任何幫助的**。

例如媽媽真正希望的是孩子能夠安全，伴侶希望的是對方可以很愛自己、很重視自己，希望關係是穩固的……但是，這些「強迫思考」，不但使我們沒辦法發現自己「真正在意的事情是什麼」，反而讓我們把我們的注意力，放在這些「強迫思考」上：「到底會不會、是不是、可不可能……」我們使用這些強迫思考，企圖「想」出一個正確答案，但答案不但沒有出現，還可能因為這樣的「強迫思考」而沒有答案的過程中，讓我們的焦慮越來越高。

而當我們的「焦慮」因為「強迫思考」而不停升高時，我們會感覺內心的不安全感越來越難耐，於是我們就會開始進行一些因應的「強迫行為」，以此企圖安撫我們內心難耐的不安與焦慮。

例如：擔心孩子安危的媽媽，可能就不停追問孩子的行蹤，直到自認每一步都「確認無誤」為止；擔心另一半的人，就不停地查勤、質問，以確認「沒狀況發生」來安撫自己的內心。

事實上，這些強迫行為，無助於事情本身，但卻被一再重複地執行。

可能原因是，很多時候，當我們在面對未知、模糊的情況，容易感到不安而產生焦慮；執行這些強迫行為，可以讓我們有種錯覺：覺得情況是能夠被我們掌控的，焦慮因而被安撫，我們就可能「暫時安心」。

尤其是，當我們一開始因為壓力，感受到不安全感而出現的焦慮，卻因為「強迫思考」而不停升高時，「強迫行為」成為我們的救命丹；當我們不停執行時，我們感覺掌控了什麼，而且它可能讓我們有機會發現：事情不如我們想像的糟糕，並沒有真的出錯。

例如媽媽不停確認孩子行蹤，發現孩子是安全的；伴侶不停確認另一半的行為，發現對方並沒有欺騙他。

然後，我們「極大的焦慮」就會下降，我們就會鬆一口氣。

這種鬆一口氣的「可控」，能給我們帶來一種「確認」的安心感，焦慮也因而暫時緩解。

這種「從極度緊張到放鬆而感覺到舒服」的感受，讓我們記了起來；於是，在我們每一次面對「極度不安」的焦慮感受時，我們便習慣性地用「強迫思考—強迫行為」來因應，解除焦慮。

問題是，這種從「強迫思考」到「強迫行為」的歷程，其實是會讓我們感覺越來越糟、不舒服，因為**「強迫思考」的內容多半都是負面想法；而很多時候，「強迫行為」也會讓我們對自己感覺更糟**。

我們會對這個「過度焦慮而沒辦法停止重複的強迫行為」的自己，感到討厭，但卻又沒有勇氣，或不知道怎麼停下來。

這可說是一種「上癮」的過程：「我知道這樣做不好，但這可以暫時讓我感覺比較好。」於是我們就在自己不安時，這麼習慣地、無奈地，繼續用這個行為因應我們的焦慮，以讓我們「暫時感到安心」。

破除你的焦慮上癮循環

要改變這個循環，最重要的，是在出現「強迫思考」時，我們的反應。「強迫思考」既然是負面想法，而且通常是想不出「正確答案」的；讓自己理解這些想法，其實對問題本身沒有幫助，是很重要的。

若能瞭解這點，當腦袋被焦慮占據時，可以提醒自己這件事，並且專心擺脫這些負面想法，讓自己不被焦慮情緒綁架。

例如：對自己信心喊話，或轉移注意力，讓自己脫離這個情境，要求自己不用「強迫行為」來解除焦慮。

改變自己原本「習慣」面對焦慮的做法，此循環才有打破的可能。

當遇到「未知」，焦慮成為「盡責的習慣」

大家小時候是否玩過「恐怖箱」？

記得我小時候，第一次玩恐怖箱，那時候我的眼睛被蒙著，也不知道箱子裡面是什麼東西，旁邊的人一直說：「好恐怖喔，好恐怖喔，哇！」地配上音效。

我記得我當時內心七上八下，非常緊張……

當我碰到一個冷冷黏黏軟軟的東西，旁邊的人突然「哇！」一聲，嚇得我把箱子往外一推，然後就哭了出來。

旁邊的人把我剛摸到的東西拿出來一看，原來是當時我們常拿來玩的彈性軟膠球，

想想當時覺得那麼害怕，與其說是因為摸到軟膠球而嚇到，還不如說是因為旁邊的人，和自己內心給的暗示，覺得似乎會摸到很可怕的東西，於是就被自己嚇哭了。

我們在生活中，是不是也時常像把眼睛蒙上，把手伸進恐怖箱？

面對「未知」，我們看不見、不知道會發生什麼事。對於未知，如果總覺得，或被「提醒」：「我可能沒有足夠應付的能力，如果沒有『準備好』，就會發生不好的事。」那麼，對於未知，我有的多半會是恐懼不安與焦慮的情緒，而非期待與挑戰的心情。

因為太過不安，使得我實在太擔心那些「未知」了；所以面對未知，我必須要先思考「會不會發生不好的事情」，我必須要「先擔心起來放」、「未雨綢繆」，否則可能就會

發生不好的事情、不好的結果，而這都是因為我沒有先擔心、準備好的責任……

長期下來，我發現我的生活，似乎都被焦慮占滿；而我的心，也被恐懼壓垮了——於是，我發現，我從來沒有放心過。

而**「未知」，時常是引發焦慮的重要因子**。

當我們總是想要「看清楚」，覺得自己有責任要知道「一切的未知」，而讓我們不停地想、不停地擔心與焦慮。彷彿只有如此，我們才能掌控「未知」，才不會有不好的結果出現。

但在這過程中，我們卻越來越擔心、越來越焦慮。

你對未知的恐懼，多半是你想出來的

如果你發現，上述的情況與你有點像，或許你已經當了好一段時間的「盡責憂慮者」。

你習慣擔心，覺得憂慮是自己的責任；你習慣把眼光放在恐怖箱裡面，無止境地想像裡面會有多可怕的東西，但卻沒有太多時間想過，也許你有反應的能力，而準備箱子的人，也不至於放太可怕的東西在裡面。

發現了嗎？**很多時候，你的憂慮是種「不理性」的想法**，而你對未知的恐懼，多半是你想出來的；你將眼光放在那一點點會讓你覺得恐懼的事物上，使它變成你的全世界，卻忘了其實你的世界，還有很多可能。

所以你心心念念，非得要消滅那個「未知」，絕對不能讓最壞結果發生。於是你時常擔心，覺得自己要做好「最完全的準備」，甚至你求神問卜，只想要提早得到一個「答案」。

最後，你所有的力氣都耗費在這些擔心，思考一些不一定會發生的事情，甚至你不敢期待、不敢挑戰未知，這不是很可惜嗎？

因為我們擔心，所以面對未知，我們焦慮，我們想要盡一切所能，趕快知道最終結果，這樣我們就可以放下心中大石……然後，我們再重新開始下一個憂慮的循環。

就像面對恐怖箱的孩子，我們覺得緊張、害怕，想要直接知道恐怖箱裡面有什麼，這樣手伸進去，「就不會這麼害怕了」。

但實際上，我們不可能「知道每個未知」。

未知原本就是不可控的，但是對於人來說，「生活不可控」的確是一件很可怕的事情。

那麼，我們該怎麼辦呢？

練習：**把你的力氣，用在「可控」的事情上吧！**

練習找出自己的「可控」

「可控」，不是去求神問卜，問出答案，或是不停憂慮，想找出一個可能問題的最終解答；**而是給自己一些相信的力量，相信自己：「不管發生什麼事，我都有面對的勇氣、解決問題的能力與支持我的資源。」**

面對未知而出現的強大不安全感，其實也與我們「懷疑自己有足夠應付的能力」有關。因此，練習相信自己，是一個能給予自己安全感的有效力量！

因為，想要知道所有未知的答案，「控制所有不可控」，本來就是個不理性，也不可能的想法。就像面對恐怖箱的孩子，不可能去打開每個恐怖箱，知道裡面有什麼；但他可以告訴自己：「沒什麼大不了的，我OK的，而且旁邊還有同學老師會幫我啊～」而讓自己勇敢地伸手探索那些未知。

當然，你的「可控」，也可以用在訓練自己的能力上，讓自己擁有能夠面對困難、解決問題、適應環境的能力上。

記得：你的眼光如果只在你擔心的那個恐怖箱，那個恐怖箱，就變成你的全世界；當你「對自己放心」，想想其他可能性，才有辦法發現自己憂慮的思考，時常是不理性，甚至是沒有發生過的。

如何發現自己是否掉入焦慮迴圈？

怎麼辨識自己是「謹慎小心」，還是掉入「耗損能量的焦慮」裡？

你可以先問問自己：

「**我現在擔心的這件事情，擔心是有用的嗎**？我現在有能力去做任何的確認或改變嗎？」

例如：你擔心尚未發生的考試結果／擔心還沒有檢查的身體檢查報告結果……這些都是目前你無法控制，且擔心也沒有用的事情。

有的時候，我們會有個錯覺，以為一直擔心這件事情，就有可能想出「防止此事最糟結果發生」的辦法。

但實際上，最常發生的狀況，只是讓我們一直處在焦慮，而無法做其他事情的狀況；最後，如我前面所說，我們可能找到一些替代性的強迫行為，讓自己暫時解除焦慮，等到下一次的焦慮到來。

是的，有時「焦慮」是種習慣，是種「自我感覺良好的負責行為」；好像「焦慮」可以讓我們感覺到「自己有在做些什麼，甚至還能做些什麼」，而有一種可能可以避免那「最糟結果的未來」的錯覺；而如果自己停止去想，就會擔心：「會不會因為我什麼事情沒有想到，才發生什麼不可挽回的後果？」

焦慮就這樣，成為一種代表「我們盡責了」的習慣。

但事實上，未來是不可控的、是不完美的。這種希冀有個「完美、不犯錯未來」，甚至只要犯錯，就會出現嚴重「自我責怪」而過度負責的習慣，正是「焦慮」這情緒會侵蝕我們的原因。

如果希望能夠擁有更多能量，去面對未來的挑戰，我們需要的不是「焦慮」，而是「相信自己」的力量。

或許我們無法控制未來不發生負面的事件，但我們需要相信的，是自己擁有足夠的能力去應付未來的變化；我們要練習鍛鍊自己的意志力，強迫自己改變「焦慮」的這個習慣，不要把力氣拿去繼續餵養沒有幫助的「焦慮」，而是將力氣用在相信自己，相信事情沒那麼嚴重、不會那麼糟。

Key Point

如何有步驟地擺脫焦慮？

要短時間擺脫焦慮，也許你可以試著這麼做：

■ **「提醒」**：

先意識目前的焦慮或負面思考，是否對事情本身有用。

■**「意識與覺察」：**

如果是沒用的，提醒自己這點，也提醒自己陷入焦慮，原本就會出現一些負面思考的想法，「那些並不是真的」。

■**「專注擺脫」：**

要求自己不要繼續思考這些沒有幫助的事情，告訴自己「停止」，並轉移注意力，去做些別的事情，是一個很好的方法。例如：去運動、做喜歡的事情。

■**「專注當下」：**

練習「專注當下」，也就是將注意力擺回你當下的感受：現在，你在做什麼？你的環境如何？你坐著的椅子，它是什麼材質？舒服嗎？空氣的味道如何？溫度讓你覺得舒適嗎？……練習把自己的注意力回到「當下」，你會發現自己現在是安全的，擔心的這件事情並不是你的「現在」，而是根本不知道會不會發生的「未知未來」。

或者，你也可以讓自己出去走一走，找一朵花、一棵樹……讓自己享受空氣中花草的氣味，感受樹或花看起來的姿態、樹皮摸起來的感覺……讓自己專注在這些事物上。

你也可以買一些療癒小物，或是一朵花、一盆植物給自己。當自己過度焦慮時，專注在那朵花上，看看那朵花的樣子、顏色、花瓣摸起來的感覺……讓自己專注在這個當下，這個美的事物，以讓自己離開「內心的焦慮迴圈」，回到你現在所處的當下。

這是短時間擺脫焦慮與負面思考的方法，暫時或許能得到一些改善。

但若長時間出現焦慮情緒，最根本的辦法，仍然需要去面對、瞭解情緒的根源為何，才有機會在想法、行為上，獲得更完整的改變。尋求專業人士的協助，包含到身心科就診、做心理諮商或治療，都是能有效幫助、安撫焦慮情緒的方式。

千萬別忘記，擺脫焦慮的最大護身符，是面對未來挑戰的勇氣，相信就算做錯事，你也不會變糟，而不論發生任何事情，其實你都有能力解決。

這種**「自我肯定」的力量，正是改變焦慮習慣的最大助力**。

伍、「好，還要更好」的不安全感：

或許可以更好，但不是你「不夠好」

「永遠不夠」的自我懷疑：自信的重要

曾經看過一段話，我印象非常深刻：「小時候，以為長大就是長高、長壯、努力讀書；長大之後，才發現，最困難的，竟是如何學著有自信；它是那麼的遙不可及……」

這段話，深深打動我的心。因為，不論是過去與學生一起工作的經驗，或是現在的工作對象多半是成人，還有我自己，我都深深感受到，自信對我們的影響。

所謂「好還要更好」、「一山還有一山高」……這些「永遠不夠」的觀念，深刻影響我們的教育與價值觀。使得上一代，甚至這一代的許多父母與師長，對於小孩，都是很要求且嚴格的。很少稱讚，期待孩子能夠嚴以律己，希望孩子能夠謙虛，就算做得很好，也應該繼續看見那些「不足」，然後鞭策自己更努力。

那些**父母、師長口中的「不夠好」與「要求」，或多或少，都被孩子內化成心中的「標準」，甚至變成孩子看待自己的方式**。

最後，有許多人，就算表現得再好，都只感覺到自己的「不足」。有些人因為那樣的不足，變得更追求成就；有些人反之，因為覺得自己不足，更覺得自己沒能力去追求夢想。

那些「不足」的感受，會傷害自己，讓自己容易因為錯誤或失敗而一蹶不振，也可能會因為「感受到不足」的不安，覺得自己很糟，而變得焦慮、沮喪、憂鬱，或變得容易受傷而攻擊自己或他人。

然後，很多本來做得到的事情，變得做不到了；本來可以去嘗試的夢想或目標，卻遲遲不敢行動；或是災難化思考，覺得自己很糟、很不好，必須要透過另一個「肯定」的事件，才能慢慢恢復自己原有的能力與力量。

我也經歷過這樣的情況。當不夠有自信時，自己更容易在驕傲與自卑中擺盪，那擺盪的力道之大，讓自己所有的力氣，都用來抵擋劇烈起伏的情緒對我造成的影響。

「沒有自信」對自己傷害之大、之深，讓我印象非常深刻。

感受到「沒有自信」對我的傷害後，我慢慢練習建立自己內心中的標準，看到自己做得到的事情，而非追求外在的評價與肯定的標準，才有機會讓自己的內心恢復平靜，能力也在這之中慢慢恢復。

「自己做得到」是自信的基石，看得到、感受到自己做到的一些事情，可以掌握住生活，做出屬於自己的判斷與選擇，並且相信自己，這對自信來說，都是很重要的養分。

「遙不可及的自信」，或許，如果我們好好地定睛一瞧，它並沒有離我們這麼遠。

練習「自我肯定」

如果你很容易對自己沒有自信，試著跟著以下的步驟做看看：

練習「肯定自己有做到的事情」：

當你做到一些事情時，練習成為客觀的第三人，看到自己實際上有做到的「客觀事實」，然後對自己說出肯定的語言。例如：「我做到了這件事，很不錯」、「這件事，我做得很好」、「我真的很努力」……

練習提醒「停止追求外在評價」

問問自己：「別人的想法，究竟會怎樣實際地影響我的生活？」如果你發現：「其實別人的想法並不會影響我的生活，但只是會影響我的心情……」那你就知道：一旦你很在意他人看法與評價，那並不會讓你的生活比較好，更不會讓你的心情比較好。因此，**請你開始提醒自己：「最重要的，是我怎麼想，而不是別人。」**

練習「鈍化」自我批評的焦慮

如果你發現：當你想起「他人怎麼看我」時，總會讓你焦慮、壓力升高時，請你做「放鬆練習」：練習深呼吸、放鬆你的肌肉，將你的注意力放在現在的呼吸與身體上。

並且練習告訴自己：「我可以決定我的想法與行為，而不需要在意別人。我是我人生的主宰。」一面放鬆練習，一面用可以替自己打氣的語言，安撫自己的焦慮。

「自我懷疑」而沒有自信，是一種思考的習慣。而「自我肯定」，則是我們能為自己建立的新習慣。幫助自己，開始練習自我肯定，掌握自己的人生與夢想吧！

是「我做不好」，而不是「我不好」——面對失敗，你怎麼想？

「前幾天，開董事會時，我負責報告其中一個案子，那是去年度公司最重要的案子之一，結果我太過緊張，報告完後，董事問我的好幾個問題，我都回答不出來……對於當天自己的表現，我非常失望，我覺得自己好糟糕、沒有用。這幾天上班就這樣心不在焉的，而且遇到開會，我都非常緊張。

「現在的我很懷疑自己是否真的有能力，可以勝任這份工作，甚至想是否要辭職……」

「我很重視自己的每場表演，所以很認真練習，希望自己可以表現得很好。但上一次表演時，我居然在一個沒有出錯過的小節上出錯了！接下來，我非常緊張，深怕自己再度出錯……我那場表演很糟糕。

結束之後，我不停想著那場表演，覺得自己真的是太爛了。從此之後，每一次表演前，我都死命練習。表演時，我都非常緊張，深怕自己再出錯，重演那次演出的慘況……

「而從那次表演完後，我發現，之後的表演，自己都會在一些平常不會出錯的地方出錯。所有的練習，好像都沒有用一樣……」

每一次，當你表現得不如你的預想、期待；當你面對失敗、挫折時，你是怎麼想的？是覺得自己這次沒有做好，雖然失敗了，但可以學習經驗，下次再努力？還是自己很糟、很笨、沒有用，或是把所有失敗原因都歸咎在自己身上？

罪惡感與羞愧感

關於「我做不好」和「我不好」，其實和兩個情緒有密切關係：罪惡感與羞愧感。

「我做不好」，和「我好不好」沒有關係，是我犯錯了，沒有把事情做好，因而引發罪惡感，所以會想要彌補、想要做得更好，因此罪惡感可以說是一種「適應行為」，會讓我們想做更多、做更好。

那如果，當我面對挫折和失敗時，感覺到的是「我不好」呢？

這種感覺，引發的是「羞愧感」。羞愧感會讓我們非常不安，覺得自己很糟糕、沒有用，甚至會想要挖個地洞，把自己藏起來，覺得全世界可能都在嘲笑我們、討厭我們……

如果出現的是這種感覺，我們大概什麼都不想做，而只能沉溺在憂鬱的情緒中。

而到底會引發的，是「罪惡感」或「羞愧感」？很多時候，與事情的大小無關，但**跟我們怎麼看待這件事有關**。

例如，一個小孩把玻璃杯打破了，旁邊的人對他說：「哎呀，你有沒有受傷？沒有就好，不過下次拿玻璃杯要小心點。」這種說法，或許就會讓小孩感覺：「我做錯了，下次要小心點。」這孩子內心被引發的是罪惡感，他可能甚至會主動去打掃，也提醒自己下次要再小心些。

但如果，當小孩打破玻璃杯時，旁邊的人說：「你怎麼這麼不小心，太不謹慎了，笨手笨腳的……」小孩或許自己心裡也會想：「我笨死了，我做錯事了，我好糟糕。」這孩子心裡被引發的是羞愧感，可能讓他動彈不得，甚至下次再也不敢拿玻璃杯。

也就是說，羞愧感所帶來的不安，是讓我們徹底懷疑自己，感覺自信、自我能力、自我價值都會完全消失的一種感受。

但這種情緒所帶來的感覺，是真的嗎？

我很相信，「**能力」是天賦加上時間練習與經驗的累積**，這些東西都不會突然不見，就像我們不可能突然醒來不會說話、不會寫字一樣，因為這些能力都經過長時間的練習。

雖是如此，即使我們有能力，仍然可能會遇到挫折、會失敗、會做錯事，但這並非因為我們突然失去能力，而是因為：

只要是人，都是會犯錯的；能夠從中學到經驗、去彌補，讓自己有所學習，甚至做得更好，卻也是人的能力之一。

面對挫折與失敗，我們都可能會因而產生不安，或覺得難過、對自己失望；但是，我們需要對自己有多一點的信任，給自己一些信心，去對抗有時不免會襲來的羞愧感。

我們需要知道，即使失敗了、遇到挫折了，那並無損我們個人的價值與能力；如果我們徹底被羞愧感綁架，不理性地將所有失敗、挫折的過錯，都怪在自己身上，對自己完全失去信心……這種動彈不得的無能感，才是真正擊敗我們的原因。

面對失敗，記得提醒自己：

是「我做不好」，而不是「我不好」。

練習安慰挫折的自己

如果你是一個一遇到失敗或挫折，就很容易把自己罵得狗血淋頭，或是過度責備、羞辱自己的人，請你練習這麼做：

■ **試著問問自己：遇到這個挫折，誰是最大的損失者？**

當你可能因為他人的眼光，或是對自己的過度要求，使得你在遇到挫折的時候，常常會陷入更加憂鬱的情緒時，請你試著問問自己：

「發生了這件事，誰是最大的損失者？」

當你發現，是你必須要承受這些挫折的結果時，或許你可以重新提醒自己：「**我的挫折，不需要對任何人負責任，我只需要對自己負責任就好。**」

練習不去思考、承擔他人的期待與失望，而是好好安慰努力後挫折而受傷的自己。

練習「安慰自己」

改變責罵、懲罰自己的習慣，練習「安慰自己」：把自己當成好友一樣。每一次挫折造成的難過，都代表著自己曾經在這件事情上付出一些努力。你的難過，正是你有好好努力的證明。

請練習把自己當成好友，好好地安慰努力的自己吧！

提醒自己：挫折是過程，不是終點

當「挫折」是個過程時，我們才會有能力從挫折與失敗中學習到一些經驗，讓這些經驗成為我們未來的墊腳石與資源。

但是，如果我們認為，這些挫折與失敗，是一個「終點」，證明了自己「不夠好」，而不是自己「做不好」時，我們對自己就會失去信心，並且害怕失敗，也無法從中學到任何經驗。

記得：就算你有能力，你也可能會犯錯、會失敗、會挫折。

因為這些挫折與失敗，你學到了經驗，才會讓你的能力更加精進；但如果，這些挫折，成為你「羞辱自己」的工具時，你面對挑戰，將會更加不安，並且時常懷疑自己的能力，而影響自己的表現。

因此，**練習提醒自己，這個挫折只是一個過程，而不是決定你個人能力、價值的「最終成績」**。

相信自己只是「做不好」，你才更有能力幫助自己調整、修正與進步；這也才能使得「挫折」能對我們的人生有意義。

不要小看自我對話的力量，當你願意相信自己時，這些力量能夠帶給你的幫助，絕對比你想像中的還要大得多。

因此，當你挫折、失敗時，練習好好地對自己說：「會失敗、犯錯都是正常的，但是，我是會從其中學到經驗；然後，今天的我，就會比昨天更好，我會從這些經驗，不停進步著。」

練習跟自己這麼說，然後感受一下內心的變化。

當你感覺到因為「信任自己」而感覺到情緒平穩、踏實時，**這，就是信任自己的力量；**

而這，就是屬於你自己的安全感。

讓我們從現在開始，一步一步，建立屬於我們自己的安全感吧！

國家圖書館預行編目資料

關係黑洞：「不安全感」如何宰制我們的人生，如何突圍？／周慕姿作.──二版.──臺北市；寶瓶文化事業股份有限公司,2024.09

面；　公分,──（Vision；260）

ISBN 978-986-406-434-2（平裝）

1.CST: 自我實現 2.CST: 人際關係 3.CST: 生活指導

177.2　　　113012243

Vision 260

關係黑洞──「不安全感」如何宰制我們的人生，如何突圍？（2024暢銷經典版）

作者／周慕姿　心理師
副總編輯／張純玲

發行人／張寶琴
社長兼總編輯／朱亞君
主編／丁慧瑋　編輯／林婕伃・李祉萱
美術主編／林慧雯
校對／張純玲・陳佩伶・劉素芬・周慕姿
營銷部主任／林歆婕　業務專員／林裕翔
財務／莊玉萍
出版者／寶瓶文化事業股份有限公司
地址／台北市110信義區基隆路一段180號8樓
電話／(02)27494988　傳真／(02)27495072
郵政劃撥／19446403　寶瓶文化事業股份有限公司
印刷廠／世和印製企業有限公司
總經銷／大和書報圖書股份有限公司　電話／(02)89902588
地址／新北市新莊區五工五路2號　傳真／(02)22997900
E-mail／aquarius@udngroup.com

著作完成日期／二〇二四年七月
二版一刷日期／二〇二四年九月六日
二版九刷日期／二〇二五年八月十二日
ISBN／978-986-406-434-2
定價／四〇〇元

寶瓶文化·愛書人卡

感謝您熱心的為我們填寫，對您的意見，我們會認真的加以參考，
希望寶瓶文化推出的每一本書，都能得到您的肯定與永遠的支持。

系列：Vision 260 書名：關係黑洞──「不安全感」如何宰制我們的人生，如何突圍？（2024暢銷經典版）

1. 姓名：＿＿＿＿＿＿＿＿＿＿ 性別：□男 □女

2. 生日：＿＿年＿＿月＿＿日

3. 教育程度：□大學以上 □大學 □專科 □高中、高職 □高中職以下

4. 職業：＿＿＿＿＿＿＿

5. 聯絡地址：＿＿＿＿＿＿＿＿＿＿＿＿＿＿＿＿

聯絡電話：＿＿＿＿＿＿＿＿＿＿＿＿

6. E-mail信箱：＿＿＿＿＿＿＿＿＿＿＿＿

□同意 □不同意 免費獲得寶瓶文化叢書訊息

7. 購買日期：＿＿年＿＿月＿＿日

8. 您得知本書的管道：□報紙／雜誌 □電視／電台 □親友介紹 □逛書店
□網路 □傳單／海報 □廣告 □瓶中書電子報 □其他

9. 您在哪裡買到本書：□書店，店名＿＿＿＿＿＿＿＿＿＿ □劃撥
□現場活動 □贈書
□網路購書，網站名稱：＿＿＿＿＿＿＿ □其他＿＿＿＿＿＿＿

10. 對本書的建議：＿＿＿＿＿＿＿＿＿＿＿＿＿＿＿＿＿＿＿＿
＿＿＿＿＿＿＿＿＿＿＿＿＿＿＿＿＿＿＿＿＿＿＿＿＿＿＿＿
＿＿＿＿＿＿＿＿＿＿＿＿＿＿＿＿＿＿＿＿＿＿＿＿＿＿＿＿
＿＿＿＿＿＿＿＿＿＿＿＿＿＿＿＿＿＿＿＿＿＿＿＿＿＿＿＿

11. 希望我們未來出版哪一類的書籍：

（請沿此虛線剪下）

亦可用線上表單。

讓文字與書寫的聲音大鳴大放

寶瓶文化事業股份有限公司

廣 告 回 函
北區郵政管理局登記
證北台字15345號
免貼郵票

寶瓶文化事業股份有限公司收

110台北市信義區基隆路一段180號8樓

8F,180 KEELUNG RD.,SEC.1,

TAIPEI.(110)TAIWAN R.O.C.

（請沿虛線對折後寄回，或傳真至02-27495072。謝謝）